LA MÉDITATION BOUDDHIQUE

« Spiritualités vivantes »

JEAN-PIERRE SCHNETZLER

La méditation bouddhique

Une voie de libération

Albin Michel

Albin Michel
▪ *Spiritualités* ▪

Collections dirigées
par Jean Mouttapa et Marc de Smedt

22, rue Huyghens, 75014 Paris

www.albin-michel.fr

ISBN : 2-226-06875-9
ISSN : 0755-1835

PROPOS LIMINAIRES

L'introduction en France du Bouddhisme, non plus comme objet d'études de cabinet pour universitaires ou érudits, mais comme voie de libération à parcourir, s'est faite progressivement depuis une trentaine d'années. Le problème n'est plus le vide documentaire, mais bien la pléthore d'informations, diverses, fragmentaires et de valeur très inégale. Cela tient à ce qui vient à nous, chargé de 2 500 ans d'histoire. La pluralité des écoles, constituées, au fil des siècles, dans des pays de langues et de civilisations très différentes, peut jeter le trouble dans l'esprit profane, surtout si la présentation est quelque peu entachée d'esprit de corps. Mais l'Occidental, pour qui le Bouddhisme vient d'ailleurs, n'est pas historiquement ou affectivement attaché à l'une quelconque des écoles, ce qui peut être une force comme une faiblesse. Il doit donc opérer un choix objectif dans ce qui lui est présenté. Encore faut-il lui fournir l'information nécessaire, sous une forme assimilable, et tel est notre but, à l'intérieur du projet, limité, de cette étude : offrir des documents fiables sur le sujet de la méditation, de nos jours enfin perçu comme important.

L'écho des querelles, purement verbales, car les Bouddhistes sont gens pacifiques, entre les tenants de ce que leurs contradicteurs nomment le Petit Véhicule, Hinayâna, et ceux du Grand Véhicule, Mahâyâna, n'a pas fini de résonner. Comme, de plus, une bonne partie des arguments dirigés contre le Hinayâna, s'adresse à des écoles aujourd'hui disparues, et non à la Voie des Anciens, le Theravâda, toujours bien vivante, on comprend les perplexités de certains lecteurs. Pour nous, après une pratique de plus de quarante ans, qui a commencé par le Theravâda, a continué par le Zen Soto, et se termine dans le Véhicule Tantrique ou du Diamant, le Vajrayâna, tous deux partie du Grand Véhicule, la seule attitude juste est de renvoyer dos à dos les tenants exclusifs d'une suprématie quelconque. Celle-ci dépend d'un point de vue fatalement relatif à une condition particulière. D'un point de vue complémentaire, on peut dire, de façon apparemment paradoxale, que l'essence du Theravâda, c'est le Mahâyâna et que l'essence du Mahâyâna, c'est le Theravâda. Mieux, si du point de vue de la vérité relative (*sammuti-sacca,* pâli), on peut spéculer sur les avantages respectifs de telle méthode, du point de vue de la réalité ultime (*paramattha-sacca,* pâli), il n'existe ni Theravâda ni Mahâyâna, seulement les degrés divers de la compréhension de la Loi (*dhamma,* pâli, *dharma,* sanskrit), qui constituent le Véhicule Unique *(ekayâna)* du Bouddha.

Aussi ne saurions-nous trop vous engager à devenir Bouddha vous-mêmes, ce que vous êtes déjà, sans le savoir, Bouddhas somnolents qui lisez ces lignes, en attendant de vous éveiller à votre véritable nature. Que vous y arriviez par l'un ou l'autre des trois Véhicules, Voie des Anciens, Grand Véhicule, Véhicule Tantrique (ou du Diamant), qu'importe ? Il n'y a pas lieu de s'attacher à la nature des moyens, par définition relatifs et transitoires. Met-on sur son dos le radeau qui a servi à traverser le fleuve, une fois parvenu à l'autre rive ?

Cela nous a engagé à exposer des techniques de méditation d'une façon suffisamment détaillée, afin qu'elles puissent être appliquées concrètement. Nous avons précisé les références et les termes techniques, afin que le lecteur puisse contrôler les sources, mais tenté aussi d'en donner un exposé compréhensible dans les termes de la psychologie occidentale contemporaine. Nous avons pratiqué la méditation dans les trois Véhicules, et en ce qui concerne les deux techniques étudiées dans cet ouvrage, l'attention au va-et-vient du souffle et l'attention au corps, qui constituent un bien fondamental et commun à toutes les écoles, les enseignements que nous avons reçus, nous ont semblé superposables, réserve étant faite de mineures différences de style. Nous avons donc surtout utilisé des références du Theravâda, dont la littérature est plus ancienne et presque complètement traduite en anglais, ce qui n'est pas encore le cas pour les autres écoles.

Malgré la publication prolifique de textes bouddhiques ces dernières années, ceux, en langue française, portant sur la méditation sont rares. Il se trouve que les informations contenues dans notre ouvrage n'y figurent pas, ce qui justifie la présente réédition.

Nous abordons, dans le dernier chapitre, une étude comparative de la méditation bouddhique et de la psychanalyse. Il ne s'agit là que d'un travail à son début, indispensable pour confronter les acquis psychologiques contemporains et la sagesse expérimentale des anciens méditants. Commencé par la psychanalyse, il se continue avec la psychologie cognitive[1], les études physiologiques ou électroencéphalographiques en laboratoire[2]. On peut en espérer d'immenses bienfaits, si les scientifiques abandonnent leurs préjugés réductionnistes et leur religion scientiste, et si les méditants acceptent de questionner leurs pratiques et de les réévaluer dans un langage plus accessible. Si l'homme moderne veut bien reconnaître qu'existent des domaines inconnus (en fait oubliés ou niés), mais honorablement réels, lesquels ne menacent que ses illusions, non ses acquis solides, peut-être notre civilisation verra-t-elle s'estomper les résultats catastrophiques du dualisme esprit-matière et de son rejeton le monisme matérialiste. Dans toutes les civilisations traditionnelles, Bouddhisme compris, le monde et l'homme ont été reconnus comme constitués par, au moins, trois niveaux : le corps, le mental et l'esprit, ce que le Christianisme primitif nommait : corpus, anima, spiritus. On pourra sur cette question, fondamentale mais oubliée, se référer à la mise au point récente de Michel Fromaget[3]. Le principe ternaire, qui génère le premier individu géométrique, le triangle, a aussi pour vertu de garantir les êtres des excès idéologiques de l'impérialisme moniste et du déchirement dualiste, par la médiation du troisième.

La clarification de ce qui appartient aux trois niveaux et de ce que sont leurs relations, est une tâche indispensable de salubrité publique générale, mais particulièrement en matière méditative. Les types d'erreur ne manquent pas. La confusion générale, dans l'Occident contemporain, du psychique et du spirituel, dénoncée par René Guénon[4], en est un exemple. La négation du spirituel par Freud et la majorité de son école illustre un type de conséquence. Prendre le psychique pour le spirituel se voit fréquemment dans les mouvements occultistes ou du « New Age ». Enfin, l'angélisme, plus rare, de certains pratiquants d'une voie spirituelle, qui consiste à méconnaître ou nier l'autonomie relative des facteurs psychiques et leur nécessaire prise en compte, au bénéfice exclusif de moyens plus « nobles », peut être une cause de stagnation sur la voie, parfois de catastrophe. La solution juste, moyenne, est d'apprécier la situation hiérarchique des instances et d'explorer sagement les conditionnements psychiques, sources d'erreur, d'attachement et de répulsion, qui fourvoient les débutants et même les pratiquants confirmés. C'est dans le mental que résident les problèmes, même s'il faut pour les résoudre en chercher les racines jusqu'au tréfonds des vies antérieures et la solution dans ce qui est au-delà des formes, sans limites, sans début et sans fin. En bref, il convient de ne pas confondre psychothérapie et voie vers l'Eveil, justement parce qu'elles sont analogues et se recouvrent en partie. Ceci deviendra plus clair, nous l'espérons, à la fin de l'ouvrage, en attendant la publication d'un texte en préparation sur ce sujet.

NOTES

1. Francisco Varela, Evan Thompson, Eleanor Rosch, *L'Inscription corporelle de l'esprit,* Seuil, 1993.
2. « Le Dalaï Lama », Howard Gardner, Daniel Goleman, Herbert Benson, Robert Thurman, *Esprit Science. Dialogue Orient Occident,* Claire Lumière, 1993.
3. Michel Fromaget, « Corps, âme, esprit. Introduction à l'anthropologie ternaire », *Question de,* Albin Michel, 1991.
4. René Guénon, *Le Règne de la quantité et les signes des temps,* Gallimard, 1945, ch. 35.

INTRODUCTION

LE BOUDDHISME, UNE VOIE DE LIBERATION

Le Bouddhisme se présente avant tout comme une méthode pour échapper à la souffrance. « Je n'enseigne que deux choses, ô disciples ; la souffrance et la délivrance de la souffrance ». « Et de même, ô moines, que le grand océan n'a qu'une saveur, la saveur du sel, de même, ô moines, notre *Dhamma* et discipline n'a qu'une seule saveur, la saveur de la délivrance ».

Ainsi donc c'est comme une voie ascétique tendant à l'obtention d'un état libéré des conditions du monde qu'il faut comprendre le Bouddhisme. C'est de ce seul point de vue que les détails de la doctrine trouvent une place exacte. Comme le Bouddha a dit : « Quiconque voit le *Dhamma* me voit », nous nous limiterons à un bref survol du *Dhamma* (la Loi) négligeant totalement la vie et la personne du Bouddha. Comme, d'autre part, le Bouddhisme de l'école *Théravâda* est celui où l'aspect de pure ascèse est le plus net, c'est celui là seul que nous envisagerons, au début, à l'exclusion du *Mahâyâna* et encore le sujet ne pourra être qu'effleuré. Il convient d'exposer le *Dhamma* par compassion pour autrui, pour celui dont « l'œil n'est couvert que par une légère poussière » (*Maj. Nik.*, 26) et qui ainsi pourra comprendre facilement, « le *Dhamma* aimable au début, aimable au milieu, aimable à la fin, selon l'esprit et selon la lettre » (*Sam. Nik.*, IV, 314). Et pour cela, nous nous contenterons de citer le plus souvent possible les paroles même du Bouddha suivant la formule : « Connaître la persuasion et connaître la dissuasion ; en connaissant la persuasion et en connaissant la dissuasion, ne pas persuader et ne pas dissuader : exposer seulement la réalité » (*Maj. Nik.*, 139).

I. — Définition du Bouddhisme

« Qu'est-ce donc ô moines, que je vous ai fait savoir ? Que cela est le mal, que cela est l'origine du mal, que cela est l'arrêt du mal, que cela est la voie qui mène à l'arrêt du mal. Et pourquoi ai-je fait savoir ces choses-là, Moines ? Elles ont des rapports avec le but, elles sont fondamentales pour la vie avec *Brahma*, elles conduisent à l'aversion, à l'absence des passions, à l'arrêt, à la tranquillité, à la pénétration profonde, à l'éveil, au *nibbâna.* Voilà pourquoi je les ai fait savoir. » (*Sam. Nik.*, V, 437-438)

Ainsi, le texte est clair, le Bouddha n'enseigne que ce qui est indispensable à l'obtention du *nibbâna.* Il y insiste à maintes reprises, précisant que ce qu'il a enseigné par comparaison à ce qu'il sait, mais n'a pas dit, est dans le même rapport que quelques feuilles tenues dans la main à toutes les feuilles de la forêt. Notamment, il laisse de côté toutes les questions métaphysiques auxquelles il est difficile ou impossible de donner une réponse tant qu'on est lié au monde. Par exemple : l'univers est-il éternel ou non éternel, fini ou infini, l'âme est-elle la même chose que le corps ou une autre chose, le Bouddha existe-t-il ou non après la mort ? etc. Toutes ces questions sont appelées « désert d'opinions », « jungle d'opinions », etc. Bref le Bouddhisme n'offre pas sur un plat un traité de métaphysique ou de cosmologie, mais se contente d'enseigner les moyens pour arriver à trouver par soi-même la solution de ces questions, et bien mieux que cela : « la pénétration profonde, l'éveil, le *nibbâna* ».

Première conclusion, le Bouddhisme apparaît comme un itinéraire spirituel, indépendant de tout système social, essentiellement contemplatif, où sont seulement marquées les étapes du chemin. Et dans l'exposé de cet itinéraire, nous tâcherons de respecter la règle d'objectivité détachée exprimée par le Bouddha et citée plus haut : « Connaître la persuasion et connaître la dissuasion ; en connaissant la persuasion et en connaissant la dissuasion, ne pas persuader et ne pas dissuader : exposer seulement la réalité » (*Maj. Nik.*, 139).

II. — Les vérités enseignées par le Bouddha

Le Bouddha a découvert par lui-même et conformément à l'exemple des Bouddhas des temps passés « cette vérité profonde si difficile à percevoir, difficile à comprendre, qui tranquillise, qui est sublime, qui ne peut être gagnée par le seul raisonnement et n'est visible que pour le Sage » (*Maj. Nik.*, 26).

Quelles sont les vérités découvertes par le Bouddha ?

— La noble vérité de la souffrance.

— La noble vérité de l'origine de la souffrance.

— La noble vérité de la cessation de la souffrance.

— La noble vérité de la voie qui mène à la cessation de la souffrance.

CHAPITRE PREMIER

1. — LA NOBLE VERITE DE LA SOUFFRANCE

(Dukkha-Ariyasacca) [1]

Elle est généralement appelée : « La noble vérité de la souffrance » et a été trop souvent interprétée en Occident comme signifiant que le Bouddhisme était une école de pessimisme. Cette étiquette, née, entre autre, du besoin d'enfermer dans un cadre rassurant parce que limité et familier ce qui dépasse par trop la compréhension commune, est naturellement fausse. Le Bouddhisme n'est ni pessimiste, ni optimiste, et ne se laisse pas circonscrire par une paire de qualifications. Si l'on voulait à toute force lui accrocher une pancarte, on pourrait, dit le Vénérable Râhula, l'appeler réaliste, et la connaissance conforme à la réalité *(yathâ-bhûta-ñâna)* est l'une des formes de la vision intérieure profonde qui mène au *nibbâna.* Mais de quelle réalité s'agit-il et vue sous quel éclairage ? Le « réalisme » du Bouddha est-il le même que celui de l'homme d'affaires qui s'enrichit en spéculant sur les réelles faiblesses humaines ? Evidemment la vision du réel que possède un Bouddha procède d'une « vérité profonde, difficile à percevoir, difficile à comprendre, qui tranquillise, qui est sublime, qui ne peut être gagnée par le seul raisonnement et n'est visible que pour le sage » *(Maj.,* 26). En ce sens l'exposé profond, mais limité à l'essentiel, qu'en fait le Bouddha enseignant la doctrine, ne peut pas être réellement compris par l'auditeur lié au monde, dont le jugement est déformé par le désir, la répulsion et l'ignorance. Seul le Saint parfait

[1] Les termes techniques sont donnés en pâli.

(*l'arhat*) pénètre pleinement l'enseignement et en particulier la première noble vérité. Comment, en effet, l'homme non régénéré pourrait-il saisir intuitivement, de façon profonde, que la base même de toutes ses joies, de sa vie toute entière, est *dukkha.*

Nous pouvons cependant chercher nous aussi à comprendre cette vérité. « La naissance est souffrance, le déclin est souffrance, la mort est souffrance. La souffrance, les lamentations, la douleur, la peine, le désespoir sont souffrance ; en bref les cinq agrégats de l'existence sont souffrance » (*Digh. Nik.*, 22). « Pendant qu'à travers de longs âges vous subissiez ces épreuves, il a coulé, il a été versé par vous plus de larmes, — tandis qu'en ce long voyage vous erriez à l'aventure de migration en migration, et que vous gémissiez et que vous pleuriez parce que vous aviez en partage ce que vous haïssiez et que vous n'aviez pas en partage ce que vous aimiez — plus de larmes qu'il n'y a d'eau dans les quatre grands océans » *(Samyutta-Nikâya).* Ainsi donc, de façon évidente, le Bouddha part de la constatation élémentaire de l'existence universelle de la souffrance et, dans un but pratique, il met l'accent sur cette dernière. Il peut ainsi contrebalancer l'attirance instinctive pour les plaisirs terrestres. Mais cette simple affirmation de la souffrance suppose déjà une vue implicite des « fins dernières ». Quand le Bouddha dit : « Regardez ceux qui disent « mienne » à l'existence. Voyez leur misère. Ainsi lorsque la rivière a tari, les poissons se trémoussent en détresse dans les basses eaux » *(Sutta-Nipâta),* sa position n'est pas fondamentalement différente de celle du Christ déclarant que son royaume n'est pas de ce monde. Dans chacun de ces cas, il y a, sous-jacent, le savoir qui porte au-delà des apparences.

Seul celui qui se sent un fils du monde, attaché à ses plaisirs, à ses joies, à ses vanités et à sa fausse gloire, seul celui-là, malgré ses souffrances, peut reculer d'horreur devant les paroles du Bouddha. Les autres, percevant obscurément la force libératrice de la première noble vérité, se réjouissent d'entendre : « L'homme dont l'esprit s'attache à cueillir des fleurs, la mort l'emporte comme l'inondation un village endormi » (*Dhammapada,* 47). « Quel délice, quelle réjouissance peut-il y avoir là où tout est incendié ? Enveloppé des ténèbres ne cherches-tu pas une lumière ? »

(*Dhammapada,* 146). « Dans cette forteresse faite d'os et recouverte de chair et de sang, l'orgueil et la jalousie, la décrépitude et la mort se sont installés (*Dhammapada,* 150).

Jusqu'ici la souffrance *(dukkha)* avait bien le sens vulgaire de mal, douleur, peine, morale ou physique. Mais ce terme a aussi deux sens plus profonds :

Dukkha est également le caractère accablant des formations de l'existence en raison de leur caractère transitoire, de leurs perpétuelles apparitions et disparitions. Il est cette propriété vécue de l'impermanence et de l'absence de Soi dans le monde phénoménal. Au milieu de nos plus belles joies se glisse, comme un ver dans le fruit, la certitude qu'elles ne dureront pas, que le changement, donc la douleur y succèderont. Il n'est bien entendu pas question de nier le caractère effectivement agréable de telle ou telle situation, mais de voir profondément que cette situation est éphémère. Les textes bouddhiques insistent à l'envie sur cette souffrance produite par le changement *(viparinâma-dukkha).* Nous en trouvons encore l'écho dans le *Dhammapada,* 170, mais assorti de cette certitude qu'en échapper est possible : « Celui qui considère ce monde comme une bulle d'écume ou comme un mirage, *Yama,* le roi de la mort ne peut le trouver. » On peut donc se soustraire à l'inquiétude vagabonde, à l'agitation, au passage sempiternel d'un état à un autre, qui n'épargne pas même les états spirituels les plus élevés atteints par la méditation.

Dukkha est enfin liée au caractère conditionné de toutes les formations (*sankhâra-dukkha*). Elle représente alors ce fait suprêmement insatisfaisant pour un être noble, que dans le monde entier avec ses trois divisions traditionnelles (monde du désir, de la forme pure, informel), ne se rencontrent que des phénomènes conditionnés mutuellement, qui ne trouvent donc pas en eux-mêmes leur propre raison d'être, et portent comme une tare ce caractère de limitation et d'incomplétude. Seul l'élément inconditionné *(asankhata-dhâtu),* c'est-à-dire le *nibbâna,* est un but capable de satisfaire l'aspiration née dans le cœur du noble disciple, celui qui ne veut plus être un fils du monde *(Puthujjana),* mais aspire à perdre son nom mondain, comme les rivières perdent le leur en atteignant l'océan, afin de devenir un « fils du Bouddha » « né de sa bouche, né du *Dhamma* » (la Loi), destiné à mourir totalement à ce monde de *dukkha*, pour atteindre ce qui est aussi appelé « la plus haute béatitude », « la sécurité éternelle », « l'immortel », « l'extinction du désir, de la répulsion et de l'ignorance », « la cessation de la souffrance ». Quant à savoir maintenant ce qu'est le *nibbâna*, qui à proprement parler ne rentre dans aucune catégorie du langage : « c'est une question qui va trop loin et qui dépasse toute réponse » (*Sam. Nik.*, V, 218).

Après avoir entrevu où menait la volonté d'inconditionné qui anime la conception complète de *dukkha*, revenons à l'affirmation que les cinq agrégats de l'existence sont souffrance. Ce sont : la forme corporelle, la sensation, la perception, les formations mentales, la conscience. Ils constituent cet ensemble physique et psychique de notre existence individuelle, faisceau de forces rassemblées pour un temps, mais qui jouaient leur jeu depuis des temps immémoriaux avant la naissance actuelle et le continueront indéfiniment après la mort. L'individu n'est ainsi pour le Bouddhiste qu'une combinaison temporaire de forces en mouvement perpétuel, désignée par un nom commode, Jean, Pierre ou Jacques, sans qu'il ait une existence propre en soi. « Ces cinq agrégats d'attachement sont *dukkha* » et inversement : « O *bhikkhus*, qu'est-ce que *dukkha*. Il faut dire que c'est les cinq agrégats de l'attachement » *(Samyutta-Nikâya).*

A titre d'illustration, donnons simplement un exemple concernant le premier agrégat. « Qu'est-ce que l'élément solide ? L'élément solide existe dans notre propre corps et les autres corps, il est subjectif et objectif ». Suit une énumération des parties solides du corps humain « cheveux, dents, ongles, peau, chair », etc. que contemple le moine et celui-ci « doit comprendre suivant la réalité et la véritable sagesse : ceci ne m'appartient pas, je ne suis pas ceci, ceci n'est pas à moi » (*Maj. Nik.*, 28). Et le même processus de contemplation, destinée à dissoudre les identifications qui attachent, doit être répété pour les quatre autres agrégats, de la même façon. En particulier ceci doit être aussi vu pour l'agrégat de la conscience, qui n'est en rien l'équivalent d'une âme individuelle, immortelle, existant par elle-même, mais est, en réalité, dépendant de causes et conditions et ne demeure pas le même à deux moments consécutifs. Les techniques de méditation ont pour but de faire voir, réaliser ce fait. « Donc quoi qu'il existe, forme corporelle ou sensation, perception, formations mentales ou conscience, que ce soit la sienne ou celle d'autrui, que ce soit grossier ou subtil, élevé ou bas, loin ou près, l'on doit comprendre suivant la réalité et le vrai savoir : ceci ne m'appartient pas, je ne suis pas ceci, ceci n'est pas à moi » (*Sam. Nik.*, 21). Et il s'ensuit la comparaison de l'homme qui contemple des bulles d'air sur le Gange, lesquelles lui apparaissent comme « vides, irréelles et sans substance »

Ainsi, dans l'océan de la vie, se lèvent des vagues innombrables, toujours mouvantes, dont aucune ne constitue une entité indépendante existant par elle-même. C'est souvent à l'océan qu'est comparé le *Samsâra* (littéralement l'errance perpétuelle), ce processus indéfini de naissance, développement, déclin, mort et renaissance. Il est une chaîne ininterrompue des cinq agrégats en transformation continuelle pendant des périodes de temps inconcevables. Notre existence actuelle n'en constitue qu'un fragment infime, étant bien entendu que l'adjectif possessif « notre », n'a qu'une valeur relative, les états d'existence précédents et à venir, n'appartenant pas à une personne identique à « notre » individualité présente, mais étant de simples causes ou conséquences suivant les lois du *kamma* impersonnel. Si à un niveau relatif, au début de la pratique, peut-être long temps, il est nécessaire de tenir compte de la rétribution des actes, à un stade ultérieur il est formellement déconseillé de se préoccuper de ce qui nous a précédé ou nous succèdera, toutes ces pensées étant infectées par la notion du « je » suis, par l'attachement.

La vie individuelle est une série de moments instantanés qui jaillissent, au contact l'un de l'autre, en un mouvement si rapide qu'il donne l'illusion de la continuité, mais que les techniques de méditation révèlent être un flux incessant, une agitation permanente. « De même la vie des êtres a seulement la durée d'une pensée : l'être du moment passé a vécu, mais ne vit pas et ne vivra pas ; l'être du moment futur vivra, mais ne vit pas et n'a point vécu ; l'être du moment présent vit, mais n'a pas vécu et ne vivra pas » (*Visuddhi Magga*, VIII). Aussi le sage bouddhiste, débarrassé du passé et du futur, vit-il dans le présent, pleinement conscient de ce qui s'écoule. Cette conception de l'existence comme une pure série phénoménale s'oppose à la conception brahmanique de l'*âtmân*, ou du moins aux croyances populaires de la réincarnation, suivant lesquelles l'âme permanente individuelle prend de nouveaux corps, animaux, humains, divins, etc., comme on change de vêtements. Rien de tel dans le Bouddhisme, bien que naturellement de nombreux Bouddhistes, peu au courant du *Dhamma*, partagent cette erreur. En réalité, ce n'est pas « moi » qui, après la mort, en raison de « mes » vertus, renaîtra comme Dieu (ou autre) en un paradis quelconque du monde de la forme pure ou du monde informel, c'est un être temporaire (les Dieux ne sont pas éternels) qui, venu à l'existence par la force des actes vertueux et de la connaissance juste, apparaîtra dans un état paradisiaque, il sera lié à « mon » existence actuelle par une loi de causalité, mais ne sera pas identique à ce que « je » suis en ce moment, ni non plus entièrement différent, pour citer la formule subtile du *Milindapañha*.

La contemplation du *samsâra* où tout est *dukkha* n'amène pas le Bouddha à rechercher quel en est le Dieu créateur, c'est-à-dire à poser le problème métaphysique des relations entre l'absolu et le relatif, l'infini et le limité, le non-manifesté et le manifesté, etc. Le Bouddhisme, à l'inverse du *Vedantâ*, ne part pas de l'absolu pour descendre à sa manifestation, en décrivant les rapports qu'ils entretiennent, il part au contraire de la contemplation du monde douloureusement impermanent, fondamentalement privé, frustré, dévoré par le feu de l'agitation, et il décrit l'itinéraire pour lui échapper et atteindre la cessation de la douleur. C'est pourquoi le Bouddha dit « inconcevable est le commencement des êtres qui, aveuglés par l'ignorance, pris au piège du désir, se ruent et se pressent dans la ronde des renaissances » (*Sam. Nik.*, 14). « Celui qui voit *dukkha*, voit aussi la naissance de *dukkha ;* il voit aussi la cessation de *dukkha* et il voit aussi le sentier qui conduit à la cessation de *dukkha* » *(Sam. Nik.).* C'est exprimer clairement que les quatre nobles vérités sont interdépendantes. Et c'est là ce qui explique que voir l'univers comme *dukkha* n'est pas du tout déprimant et ne rend nullement mélancolique. Bien au contraire, le Bouddha est toujours décrit dans les textes et représenté dans l'art sacré, comme souriant et serein. Il a pesé ce monde, l'a trouvé trop léger (pour reprendre une formule Biblique), s'en est libéré et n'est plus atteint par lui. Dans la mesure où l'on pénètre et suit son enseignement, on expérimente un avant-goût de la grande paix, on voit en même temps que la maladie, le remède. La tristesse, le dégoût, la morosité, l'irritation, l'impatience, etc. sont des obstacles sur le chemin. Le vrai disciple n'éprouve que joie, sérénité et compassion. Et de fait, suivant une formule d'Oldenberg, le Bouddhiste « tend au *Nirvâna* avec la même allégresse victorieuse que le Chrétien à son but, la vie éternelle ». On peut en trouver de nombreuses preuves dans la littérature canonique et pour conclure une causerie sur le véritable sens de la souffrance dans le Bouddhisme, on ne saurait mieux faire que de citer plusieurs textes sur la joie.

Le roi de Kosala disait des disciples du Bouddha qu'ils sont « Joyeux et transportés, jubilants et exultants, heureux dans la vie spirituelle, leurs facultés satisfaites, exempts d'anxiété, sereins, paisibles et vivent avec un esprit de gazelle, c'est-à-dire d'un cœur léger », justement parce qu'ils ont réalisé la pleine signification de l'enseignement du Bienheureux.

« Parmi ceux qui haïssent, heureux sommes-nous de vivre sans haine. Au milieu des hommes qui haïssent, nous demeurons libres de haine.

Parmi ceux qui souffrent, heureux sommes-nous de vivre sans souffrir. Au milieu de ceux qui souffrent nous demeurons libres de souffrance.

Parmi ceux qui sont remplis de convoitise, heureux sommes-nous de vivre sans convoitise. Au milieu de ceux remplis de convoitise nous demeurons libres de convoitise.

Heureux sommes-nous en vérité, nous à qui rien n'appartient. Nous serons nourris de joie comme les Dieux rayonnants.

Le moine qui demeure en un endroit solitaire, dont la pensée est calme, goûte une joie surhumaine dans la claire vision de la Doctrine » (*Dhammapada*, stances 197, 198, 199, 200, 373).

Mais comme la joie est encore *dukkha*, il est préférable de conclure par ces vers du Vénérable Sâriputta, le grand disciple du Bouddha :

« A mourir ni à vivre je n'ai de plaisir.
Je déposerai ce corps mortel sur le champ,
L'esprit vigilant, la conscience maîtrisée.
Je ne joue pas avec la pensée de la mort,
Pas plus que je ne me réjouis de vivre.
J'attends l'heure comme un serviteur qui a terminé
[sa tâche ».

(Theragâthâ, 1002 et 1003)

Et comme témoignage de l'unité des voies, nous citerons ce passage des « Pratiques préliminaires » de l'école Tantrique que le méditant récite tous les matins :

« Puissent tous les êtres posséder le bonheur et les causes du bonheur. Puissent tous les êtres être séparés de la souffrance et des causes de la souffrance... Puissent tous les êtres résider en la Grande Equanimité dépourvue de toute aversion partiale. »

CHAPITRE DEUX

2. — LA NOBLE VERITE DE L'ORIGINE DE LA SOUFFRANCE

(Dukkhasamudaya-Ariyasacca)

« Et qu'est-ce que la noble vérité de l'origine de la souffrance ? C'est le désir avide donnant lieu aux nouvelles renaissances qui, lié au plaisir et à la convoitise, trouve toujours ici ou là de nouvelles délices. C'est la soif des plaisirs des sens *(kâma-tanhâ),* la soif de l'existence et du devenir *(bhava-tanhâ),* la soif de la non-existence *(vibhava-tanhâ)* ». (*Digh. Nik.,* 22). *Tanhâ,* le désir passionné, la soif apparaît dans ce texte comme la racine principale de la souffrance et du cercle ininterrompu de l'existence en ses diverses manifestations. *Tanhâ,* toutefois, ne doit pas être hissé à la hauteur d'un principe explicatif unique et constitue un lien parmi d'autres, le huitième, dans la formule de l'origine conditionnée *(paticcasamuppâda)* qui joue un rôle fondamental pour la compréhension profonde du *Dhamma,* nous y reviendrons tout à l'heure.

a) *Le Désir*

Tanhâ donc, n'est pas la « cause première » de la souffrance (il n'y a rien dans le Bouddhisme qui soit décrit comme tel), mais c'est la principale, la plus évidente, et celle contre laquelle une lutte systématique doit être engagée.

La Soif des plaisirs des sens se conçoit facilement. L'attachement avide, qui jette la conscience vers l'objet visible, sera perçu par chacun de nous, si se dégageant de l'attraction naturelle, de l'assentiment intime qui nous enracine dans le désir, on voit enfin que l'œil n'est qu'une attente de sensation, et que nous adhérons à l'exercice naturel de sa fonction avec une jouissance profonde. De cela il est dit : « Tout est en flammes. Et qu'est-ce donc qui est en flammes ? L'œil brûle, le visible brûle, la connaissance du visible brûle, le contact de l'œil avec le visible brûle, la sensation qui vient du contact avec le visible brûle... Et de quel feu brûlent-ils donc tous ? Du feu du désir, du feu de la répulsion, du feu de l'ignorance » *(Mahâvagga)*. Ceci s'applique aux cinq sens qui nous sont familiers, mais aussi au sixième : le mental. La Soif de théoriser, ratiociner, supposer, professer, croire, opiner et jouir de ses opinions, est peut-être la plus pernicieuse de toutes, car moins connue, moins habituellement critiquée par la morale courante et combien plus épouvantable dans ses conséquences, ce dont le *Dhammapada* nous instruit dès sa première stance :

— « Le mental dirige toutes choses, le mental y prédomine, tout provient du mental.

— Comme la roue du char suit le sabot du bœuf, la souffrance suit qui parle ou agit avec un mauvais mental. »

Les événements contemporains nous en fournissent une ample moisson d'exemples brûlants dans les domaines et sous les cieux les plus divers. « Ainsi s'adonnant aux dissensions, aux querelles, aux combats, ils tombent les uns sur les autres à coups de poings, de bâtons ou d'armes. Et par cela, ils souffrent la mort ou des peines cruelles » (*Maj. Nik.*, 12). Cette force centrale, sous-jacente aux déterminations superficielles diverses que sont les conflits politiques ou économiques, doit être saisie en nous, dans son élan toujours renouvelé, comme la racine même de notre individualité, de sa vie égoïste et séparée, de toute guerre et toute souffrance. Elle l'est en effet...

La Soif d'existence qui se manifeste comme une volonté de vivre, d'exister de nouveau et toujours, de devenir, d'amplifier et d'étendre son domaine d'existence. Cette volonté est un acte mental étroitement dépendant de la croyance fausse en la réalité dernière du moi *(Sakkaya-ditthi)* laquelle est liée à l'identification erronée à cet être illusoire constitué en réalité des cinq agrégats : corporéité, sensation, perception, formations mentales, conscience. Nous retrouvons là cet attachement fondamental au Moi vulgaire ou à une théorie plus subtile d'une âme individuelle, limitée et immortelle, dont la vision de l'*Anattâ* doit nous libérer.

Cette volonté d'existence n'est pas différente de la Soif et n'est pas non plus autre chose que le *Kamma*. « C'est la volition (cetanâ), ô *bhikkhus,* que j'appelle *Kamma.* Ayant voulu, on agit au moyen du corps, de la parole et de l'organe mental » *(Ang. Nik).*

La Soif de non-existence, la lassitude d'être, est un désir subtilement camouflé en une apparence de non-désir, mais qui n'en porte pas moins des fruits d'attachement et de renaissance, ce qui est la meilleure condamnation possible du suicide.

b) *Le Kamma*

Nous venons de voir que la volonté, la Soif, ne sont pas différentes du *Kamma.* Qu'est-ce que le *Kamma ?* Le terme est plus connu sous sa forme sanscrite *Karma.* Si le mot a été vulgarisé, sa signification ne l'est guère et les contresens abondent dans les œuvres occidentales. Le mot dérive de la racine sanscrite kr qui signifie faire. Littéralement il signifie acte ou action, et plus particulièrement l'action rituelle effectuée suivant le prototype divin, conformément à l'Ordre Universel. Dans le Bouddhisme, le sens particulier est celui d'une action volontaire, commise donc avec intention, par le corps, la parole ou l'esprit, et affectée d'une qualité morale quelconque, bonne ou mauvaise. De par la Soif qui le constitue, il est une force génératrice d'effets et très précisément du désir de continuer dans la direction, bonne ou mauvaise, qui était celle du *kamma* antécédent. Le *kamma* ne peut donc être assimilé à un destin, une fatalité, encore moins à une justice immanente appliquée à un individu ou à une collectivité. Il n'est pas non plus le résultat des actes, récompense ou punition. Le *kamma* est l'expression de la loi impersonnelle de la cause et de l'effet. Il est ce courant intentionnel, cette énergie orientée qui nous constitue et nous entraîne. Car « les êtres sont possesseurs de leurs actes, héritiers de leurs actes, leurs actes sont les germes d'où ils s'élancent, ils sont liés à leurs actes, leurs actes sont leur refuge. Quels que soient leurs actes (bons ou mauvais) ils en recevront l'héritage » (*Sam. Nik.*, 35). Et cet héritage, ce fruit du *kamma* mûrit inexorablement. « Ni dans les cieux, ni dans les profondeurs de l'océan, ni dans les cavernes des montagnes, nulle part dans le monde entier, il n'existe de place où l'homme trouverait un abri pour échapper à ses mauvaises actions » (*Dhammapada*, 127). Ainsi le *kamma* mûrit-il en cette vie, ou lors des états d'existence postérieurs à la vie présente, sous forme d'un désir de devenir, « cette force formidable qui meut l'ensemble des vies, des existences, le monde entier » (Vénérable Râhula).

Cette énergie subtile et puissante ne disparaît pas lors de la dissociation des agrégats qu'on appelle la mort. L'individualité psychophysique disparaît et ses éléments retournent jouer leur jeu dans l'univers matériel et mental où ils peuvent s'agréger à d'autres existences. Mais le nœud énergétique qui liait ces agrégats temporairement réunis, ce désir exaspéré, cette « volonté de brûler et d'être en brûlant » (Evola) allume aussitôt, sans solution de continuité, une autre flamme. La continuité de l'être, d'une naissance à l'autre, est donc celle d'une série impersonnelle, dont la loi interne est celle d'un lien causal, comme le montre l'image canonique des trois torches qui brûlent lors des trois veilles de la nuit, et dont la flamme, transmise de la première à la dernière, n'est ni rigoureusement la même ni totalement autre. Cette continuité dans la série est celle d'une succession rapide, où chaque moment est l'héritier de tout ce qui l'a précédé et la condition de tout ce qui le suivra. A chaque instant se déroule le processus de mort et renaissance. La mort corporelle n'est qu'un de ces instants parmi d'autres où le dernier moment de pensée conditionne le premier de l'existence suivante, de même que la naissance dans la matrice est précédée sans interruption par une existence antérieure.

Le cycle du *samsâra* se déploie dans les trois mondes *(loka)* ou sphères d'existence :

— Le monde des sens, matériel, qui comprend les domaines

infernaux, des trépassés, des animaux, des asuras, des hommes et des Dieux inférieurs.

— Le monde de la forme pure (*rûpa*) — Le monde informel (*arûpa*)	divisé en plusieurs degrés et peuplés de Dieux nombreux.

Il est bon de préciser que ces états d'existence, car il ne s'agit pas de Cieux au sens spatial du terme, sont tous impermanents. Les supplices infernaux ont un terme, les délices paradisiaques également, même si leur durée nous semble incalculable. Signalons à ce propos que la renaissance en un paradis, qui est le fruit de la vie vertueuse d'un adhérent laïque et correspond assez exactement à la conception chrétienne du « salut », constitue pour le moine bouddhiste « la prison du sage », ou au mieux une étape sur la voie de la délivrance. Celle-ci vise à l'abandon définitif du *samsâra,* au surpassement de toute existence individuelle, à l'entrée dans le Nibbâna, dont nous verrons une autre fois qu'il constitue l'équivalent bouddhique de l'Absolu. Il y a là une différence fondamentale avec l'exotérisme chrétien qui n'enseigne pas le retour de l'âme en son Créateur au-delà de toute distinction, mais par contre une parfaite concordance avec ce qui a filtré de l'ésotérisme chrétien, par exemple dans l'œuvre de Maître Eckhart, ainsi qu'avec la doctrine de l'identité suprême de l'ésotérisme islamique et les enseignements hindous sur l'identité de l'Atman et du Brahman. Il n'y a pas dans l'enseignement bouddhique de distinction entre un exotérisme et un ésotérisme. Le Bouddha l'a proclamé clairement, disant qu'il ne conservait rien dans son poing fermé. La distinction ne se fait donc que dans l'esprit des auditeurs dont chacun puise ce qui lui convient dans le *Dhamma* et l'applique suivant ses forces et son degré de compréhension. Les enseignements ésotériques qui existent dans certaines écoles du *Vajrayâna* tibétain ou du *Shingon* japonais ne concernent que des méthodes de méditation qui ne peuvent être exposées publiquement et non la doctrine.

c) *Le Paticcasamuppâda ou l'origine conditionnée*

On ne peut pas comprendre l'origine de la souffrance et le Bouddhisme par contre-coup, sans pénétrer la doctrine de l'« origine conditionnée » (Vénérable Nyanatiloka), de la « production conditionnée » (Vénérable Râhula), de la « chaîne des origines interdépendantes » (A. David-Neel). Combinée à la doctrine de l'impersonnalité *(anattâ)*, elle forme avec les quatre nobles vérités l'essentiel du *Dhamma*. Alors que la doctrine de l'*anattâ* procède analytiquement en décomposant en éléments vides de réalité propre, en phénomènes multiples, ce qu'on appelle par convention « soi-même » et à quoi on tient si fort, la doctrine de l'origine conditionnée procède synthétiquement en montrant que tous ces phénomènes sont d'une manière ou d'une autre en état de dépendance mutuelle.

Voici comment parle le texte canonique *(Mahâvagga)* :

« J'ai découvert cette vérité profonde, difficile à percevoir, difficile à comprendre, apaisante, sublime, surpassant toute pensée abstruse, que seul le sage peut saisir. Dans le tourbillon du monde s'agite ici-bas l'humanité, dans le tourbillon du monde elle a son séjour et trouve son plaisir. Pour l'humanité qui s'agite ici-bas dans le tourbillon du monde, ce sera une chose difficile à embrasser par la pensée que la loi de causalité, l'enchaînement des causes et des effets ; et ce sera encore une chose tout à fait difficile à embrasser par la pensée que l'entrée dans le repos de toutes les formations, le détachement des choses de la terre, l'extinction de la convoitise, la cessation du désir, la fin, le *Nibbâna* ».

La formule de l'origine conditionnée est la suivante :

— Les formations de *kamma* (*sankhâra*) sont conditionnées par l'Ignorance (*avijjâ*) ;

— Le conscience *(viññâna)* est conditionnée par les formations de *kamma ;*

— Les phénomènes mentaux et physiques *(nâma-rupâ)* sont conditionnés par la conscience ;

— Les six organes des sens *(salâyatana)* sont conditionnés par les phénomènes mentaux et physiques ;

— Le contact *(phassa)* est conditionné par les six organes des sens ;

— La sensation *(vedanâ)* est conditionnée par le contact ;

— La soif *(tanhâ)* est conditionnée par la sensation ;

— L'attachement *(upâdâna)* est conditionné par la soif ;

— Le devenir *(bhava)* est conditionné par l'attachement ;

— La renaissance *(upapatti)* est conditionnée par le devenir ;

— La vieillesse et la mort *(jarâ-marana)* sont conditionnées par la renaissance.

Ceci peut être schématisé dans le tableau suivant qui n'a qu'une valeur didactique.

Passé	1 Ignorance 2 Formation de Kamma	Processus de Kamma qui a cinq causes : 1.2.8.9.10.
Présent	3 Conscience 4 Corporéité et psychisme 5 Six organes des sens 6 Contact 7 Sensation	Processus de renaissance qui a cinq résultats : 3.4.5.6.7.
	8 Soif 9 Attachement 10 Devenir	Processus de Kamma qui a cinq causes : 1.2.8.9.10.
Futur	11 Renaissance 12 Vieillesse et mort	Processus de renaissance qui a cinq résultats : 3.4.5.6.7.

Il faut se garder d'examiner la doctrine de la genèse conditionnée comme on le ferait pour un système philosophique, ou une théorie scientifique. C'est un enseignement à visée spirituelle, issu de la contemplation transcendante, et lui-même destiné d'ailleurs à servir de support de méditation. Plusieurs explications valables à différents niveaux peuvent en être données, que le méditant pénètre peu à peu et qui sont toutes exactes, ce qui violente quelque peu la logique commune. Il s'agit, rappelons-le, d'une vérité « difficile à comprendre » perceptible pleinement par le seul « sage », car la Soif et l'Ignorance, par exemple, sont des obstacles puissants à son appréhension. Le tableau ci-dessus ne doit pas être regardé comme la seule façon de comprendre la doctrine. Au contraire, on peut insister sur ce fait que les douze éléments de la genèse conditionnée ne se répartissent pas seulement dans le temps sous la forme d'une succession, mais coexistent régulièrement, voire existent en dehors de la condition temporelle, d'une manière transcendantale en ce qui concerne les trois premiers.

Dans le *Theravâda,* la doctrine de la genèse conditionnée se rapporte plus particulièrement aux êtres vivants mais elle est susceptible d'une extension aux conditions cosmiques les plus générales, généralisation qui a été effectuée dans le *Vajrayâna* tibétain en particulier. C'est ainsi que la Soif y est considérée comme la pulsion naturelle qui meut un agrégat vivant, homme, animal ou plante, ou comme la force inanimée de l'attraction universelle.

d) *Conclusion*

« Qui voit l'origine à partir de causes, voit le *Dhamma* » (*Maj. Nik.,* 28). Mais justement la Soif, alliée à l'Ignorance, nous empêche de voir. Elle nous propose des identifications illusoires : à notre corps, à nos jouissances sensuelles, à l'être aimé de l'autre sexe, à notre rôle social, à nos idées et théories. Elle nous anime du feu de la passion, du désir ou de la haine. Elle obnubile la claire vision transcendantale qui ne se lève que dans l'esprit purifié. Faute de cet instrument d'observation qui se gagne et se conquiert durement, on ne peut pénétrer réellement le *Dhamma.* Celui-ci reste un savoir théorique, un corps étranger dans l'intellect, au lieu que l'être entier devienne le *Dhamma.*

« Même une pluie d'or ne saurait étancher la soif du [désir,
Car celui-ci est insatiable et douloureux.
Voilà ce que sait le Sage » (Dhammapada, 186).

« C'est pourquoi il ne faut rien considérer comme cher,
Car la perte de ce qu'on aime est douloureux.

Il n'existe aucun lien pour ceux qui n'éprouvent ni désir, ni répulsion » (Dhammapada, 211).

L'idéal bouddhique, au-delà de l'amour (*mettâ*), de la compassion (*karunâ*), de la joie altruiste (*muditâ*), est l'équanimité *(upekkhâ)*. Mais avant de l'atteindre, de durs travaux sont nécessaires et il est dit que l'Ascète doit déployer le courage du « guerrier ». C'est à cette condition qu'il pourra vaincre la Soif, suivant ce qu'enseigne le *Dhammapada*, 285 : « Brise l'amour de toi-même, comme de la main on arrache le lotus d'automne. Développe la voie de la Paix du *Nibbâna*, enseignée par le Bienheureux ».

On peut rapprocher ce texte de cette parole de Maître Eckhart : « Le Royaume de Dieu n'est pour personne si ce n'est pour celui qui est entièrement mort » ou cette autre : « Ceux qui ne recherchent rien, ni les honneurs, ni l'utilité, ni le don intérieur de soi, ni la sainteté, ni la récompense, ni le royaume des cieux, mais qui ont renoncé à toutes ces choses, même à ce qui leur est propre... c'est en ces hommes dit Eckhart que Dieu est honoré. » Ceux-là sont des *Arhats*, de ceux dont il est dit : « Et celui qui a considéré tous les contrastes sur cette terre et n'est plus troublé par rien qui existe dans le monde, l'être paisible, libéré de colère, de chagrin et de souhaits, celui-là est passé au-delà de la naissance et de la vieillesse » (*Angut. Nik.*, 32).

CHAPITRE TROIS

3. — LA NOBLE VERITE DE LA CESSATION DE LA SOUFFRANCE

(Dukkhanirodha-Ariyasacca)

« Mais, ô Moines, qu'est la noble vérité de l'extinction de la souffrance ? C'est la disparition complète et l'extinction du désir (la soif = *tanhâ*), son abandon, se libérer et se détacher de lui » (*Digh. Nik.*, 22). « Car, par la disparition complète et l'extinction du désir, l'attachement à l'existence cesse ; par l'extinction de l'attachement à l'existence, le processus du devenir est éteint ; par l'extinction du processus du devenir, la renaissance est éteinte ; et par l'extinction de la renaissance, la vieillesse et la mort, la peine et le désespoir sont éteints. Ainsi se produit l'extinction de toute la masse de souffrance. D'où il résulte qu'annihiler, faire cesser, surmonter la forme corporelle, la sensation, la perception, les formations mentales et la conscience, ceci est l'extinction de la souffrance, la fin de la maladie, la victoire sur la vieillesse et la mort » (*Sam. Nik.*, 12). Et quel nom donne-t-on à cette extinction de la souffrance ? « L'extinction du désir, de la répulsion et de l'ignorance, cela s'appelle *Nibbâna* » (*Sam. Nik.*, 38).

L'ERREUR DU NIRVANA-NÉANT

Voilà donc introduit ce terme, plus connu sous sa forme sanskrite de Nirvâna, qui a donné lieu à bien des controverses et querelles et a été souvent fort mal compris en Occident. Le Petit Larousse le définit par « anéantissement suprême ». Il ne fait que reprendre la position de nombreux érudits indianistes d'autrefois qui ont dépensé beaucoup d'encre et d'ingéniosité à démontrer que le Nirvâna ne pouvait être que le néant. On pourra trouver un historique de ces disputes dans le livre de la Vallée Poussin : « Nirvâna »[1].

Sans doute n'y a-t-il rien d'étonnant à ce qu'un fils du monde, solidement enfermé dans son précieux moi quotidien, s'effraye à la pensée de perdre son seul bien et décrète que sa disparition ne peut conduire qu'au néant. Ce qui conduit tout naturellement à qualifier de « nihiliste » cette prétendue religion bouddhique qui ne mène qu'au néant de toute réalité. Ce point de vue, qui a été soutenu par d'éminents orientalistes (ne citons personne), est une grossière erreur, bien connue dans le Canon sous le nom d'uccheda-ditthi, « croyance à l'annihilation » d'une personnalité absolue qui se dissoudrait un jour.

La Formulation Négative

Cette erreur a été facilitée par le type d'expressions utilisées pour désigner le Nirvâna, qui sont de forme négative : cessation, abandon, extinction, détachement, destruction, etc. Mais il est évident, comme le souligne le Vénérable Râhula[2], qu'« un mot négatif n'indique pas nécessairement un état négatif » ; le mot immortel, en *Pâli* amata, signifie littéralement sans mort, il désigne pourtant un état positif. La négation d'une négation, les écoliers qui apprennent l'algèbre le savent bien, équivaut à une affirmation. Ainsi en va-t-il du Nirvâna qui est libération de la souffrance, du désir, de la répulsion, de l'ignorance, de toutes les relativités et dualités.

Cette nécessité de formuler négativement ce qui touche au sommet de la doctrine a été clairement formulée par René Guénon : « Cette indétermination absolue des principes les plus universels, donc de ceux qui doivent être considérés avant tous les autres... oblige souvent à ne se servir que

[1] G. Beauchesne, Edit., Paris, 1925.
[2] *L'enseignement du Bouddha*, 1 vol., Edit. du Seuil, Paris, 1961.

d'expressions qui, dans leur forme extérieure, sont purement négatives. C'est ainsi que, par exemple, l'idée de l'infini, qui est en réalité la plus positive de toutes, puisque l'infini ne peut être que le tout absolu, ce qui n'étant limité par rien, ne laisse rien en dehors de soi, cette idée, disons-nous, ne peut s'exprimer que par un terme de forme négative, parce que, dans le langage, toute affirmation directe est forcément l'affirmation de quelque chose, c'est-à-dire une affirmation particulière et déterminée ; mais la négation d'une détermination ou d'une limitation est proprement la négation d'une négation, donc une affirmation réelle, de sorte que la négation de toute détermination équivaut au fond à l'affirmation absolue et totale »[3]. Et c'est bien ainsi qu'il faut comprendre le fameux texte de l'*Udâna* qui, niant toute limitation, fait du Nirvâna le point central de la doctrine, centre dans lequel toutes les contingences périphériques peuvent venir se résorber. « Il y a un non né, non devenu, non conditionné, non composé, *Bhikkhu,* si ce non né, non devenu, non conditionné, non composé, n'était pas, il n'y aurait aucune évasion possible pour ce qui est né, devenu, conditionné, composé. Puisqu'il y a un non né, non devenu, non conditionné, non composé, il y a une possibilité d'évasion pour ce qui est né, devenu, conditionné, composé ».

La Théologie Négative

Pour bien voir qu'il ne s'agit pas là d'une attitude intellectuelle propre au Bouddhisme mais d'une méthode universelle, nous irons chercher dans le Christianisme des parallèles qui nous éclairerons. « Le Bouddhisme, dit J. Evola, a suivi de notable manière la méthode de ce que l'on appelle la Théologie Négative, laquelle cherche à donner le sens de l'Absolu à travers l'indication, non pas de ce qu'il est (entreprise jugée absurde) mais de ce qu'il n'est pas »[4]. Cette Théologie Négative a été illustrée par les noms

[3] *Introduction générale à l'étude des doctrines hindoues,* Véga, Edit., Paris, 1952, 4e édit., p. 131-132.
[4] *La doctrine de l'éveil,* Adyar, Edit., Paris, 1956, p. 378.

de bien des mystiques et théologiens de l'Eglise Catholique. Nous ne retiendrons que ceux d'Eckhart et du Cardinal N. de Cues, et ne citerons, pour être brefs, que Denys l'Aréopagite : « Les Vérités Célestes brillent à travers des formules négatives qui respectent la vérité »[5]. Et cela... « n'est ni matière... ni corps... ni figure... ni forme..., ne demeure immobile ni ne se meut... ne se tient au calme... ni ne possède de puissance... ne vit ni n'est vie... n'est ni essence ni perpétuité ni temps... échappe à tout raisonnement, à toute appellation, à tout savoir... on ne peut absolument ni rien affirmer, ni rien nier. »

De ce texte, qui aurait pu être prononcé par le Bouddha, nous rapprocherons cette citation de l'*Udâna :* « Ici les quatre éléments de solidité, de fluidité, de chaleur et de mouvement n'ont pas de place ; les notions de longueur, de largeur, de subtil et de grossier, de bien et de mal, de nom et de forme sont absolument détruites ; ni ce monde ni l'autre, ni venir, ni partir, ni rester debout, ni mort, ni naissance, ni objets des sens ne peuvent être trouvés. » Le canon de l'école *Theravâda,* on vient de le voir, ne s'exprime pas autrement, sur ce point, qu'un saint Chrétien, et pas autrement non plus, bien sûr, qu'un texte fondamental de l'école *Mahâyâna,* le Prajñâpâramitâ hridaya sûtra : « Dans le vide, il n'y a ni forme, ni sensation, ni perception, ni formations mentales, ni conscience discriminative. Il n'y a ni œil, ni oreille, ni nez, ni langue, ni corps, ni mental ; ni forme, ni son, ni odeur, ni saveur, ni contact, ni objet de pensée ; ni élément de l'organe de la vue et ainsi jusqu'à ce qu'on arrive à ni élément de la conscience du mental ; il n'y a ni ignorance, ni cessation de l'ignorance et ainsi jusqu'à ce qu'on arrive à il n'y a ni vieillesse et mort ni cessation de la vieillesse et de la mort ; il n'y a ni souffrance, ni origine, ni cessation, ni sentier, ni connaissance, ni réalisation, ni non réalisation. » Puisque notre langage et nos concepts sont relatifs au monde, ils sont impuissants à exprimer la réalité supra-mondaine et la négation de tout ce qui constitue l'expérience ordinaire est donc la seule attitude appropriée.

[5] *De la hiérarchie céleste.* Œuvres complètes. Trad. M. de GANDILLAC, 1 vol., Edit. Montaigne, Paris, 1943.

Un dernier texte de Denys l'Aréopagite va nous permettre de comprendre une des caractéristiques essentielles du Bouddhisme *Theravâda*. Celui-ci analyse abondamment l'expérience de l'homme ordinaire et le caractère douloureux de l'existence conditionnée. Partant de ce qui est immédiatement accessible à tous, il s'élève peu à peu par une série de négations, donc de libérations successives ; au fur et à mesure de cette ascension le discours se restreint et culmine dans les quelques négations de l'*Udana* citées plus haut. « Maintenant que nous remontons de l'inférieur au transcendant, à mesure même que nous nous approcherons du sommet, le volume de nos paroles se rétrécira ; au terme dernier de l'ascension nous serons totalement muets... pour parler négativement de celui qui transcende toute négation, on commence nécessairement par nier de lui ce qui est le plus éloigné de lui » (Denys l'Aréopagite). On peut en effet remarquer que le Bouddhisme suit un chemin inverse et symétrique de celui du Vedanta, qui, lui, part de l'Absolu affirmativement posé, pour établir ensuite la filiation logique et progressivement croissante qui le relie au monde manifesté. Ce qu'explique Denys : « Là où notre discours descendait du supérieur à l'inférieur, à mesure qu'il s'éloignait des hauteurs, son volume augmentait... pour parler affirmativement de Celui qui transcende toute affirmation, il fallait que nos hypothèses affirmatives prissent appui sur ce qui est le plus proche de lui. »

Placer le Bouddhisme dans le cadre Universel

Cette incursion dans les domaines du Christianisme et du Vedanta (nous aurions pu aussi emprunter à l'Islam ou au Taoïsme) n'a pas pour but de se livrer à un comparatisme érudit. Ce n'est pas un jeu intellectuel mais une nécessité spirituelle. Notre époque d'agitation et de confusion a déterminé un brassage humain et culturel qui confronte les diverses Traditions, ce qui est pour les uns un sujet de scandale ou d'angoisse, pour les autres d'incompréhension et de dénigrement. Il importe de réaliser profondément que chaque Tradition est unique et parfaite à sa manière, comme une fleur. Si la perfection de la rose n'est pas celle du lotus, la nécessité interne d'être une fleur parfaite n'en impose pas moins des ressemblances et des analogies. Pour prendre une autre comparaison, dans la roue universelle, il existe de nombreux rayons qui, partis de la périphérie en rotation perpétuelle, mènent au centre, moteur immobile. Chacun de ces rayons possède une individualité légitime et ne peut être réduit à aucun autre. Toutefois, parvenus au centre, tous les rayons se confondent, hors du mouvement, du temps et de l'espace. Lisons ce que le grand empereur bouddhique Asoka fit graver sur la pierre (12e édit. de Girnar) « il faut... rendre honneur aux autres sectes à chaque occasion. En faisant ainsi, on grandit sa propre secte en même temps qu'on sert l'autre... c'est la réunion qui est bonne, de façon qu'on écoute la Loi les uns des autres et qu'on y obéisse ». L'Occidental, venu au Bouddhisme par l'extérieur, doit, de toute nécessité, pouvoir le situer dans l'économie spirituelle des diverses Voies Traditionnelles, non comme une anomalie baroque ou au contraire l'unique détenteur de la vérité, mais bien comme l'expression parfaite de ce qu'il doit être : le chemin du *Nibbâna.* Après avoir considéré le Bouddhisme à la lumière de ce qui lui est étranger, et nous Occidentaux ne pouvons y échapper, il convient de se replonger dans le *Dhamma.*

Le Nibbana dans les textes Pali

L'étymologie : nir + vâ = cesser de souffler, s'éteindre, donne comme sens littéral extinction. Les commentaires ajoutent nir + vana = affranchir du désir.

« Ceci en vérité est la Paix, ceci est le plus élevé, la fin de toutes formations, l'abandon de toute base de renaissance, la disparition du désir, le détachement, l'extinction, le *Nibbâna* » (*Ang. Nik.*, III, 32). On trouve dans cette citation les termes négatifs qui, nous le rappelle le Vénérable Râhula, ont aussi pour avantage d'éviter l'attachement et la fixation à un concept étroit, car le Bouddhisme est d'abord pratique. Pour la même raison, puisqu'il faut bien mobiliser toutes les énergies vers le but, il utilise des appellations positives agréables. Celles-ci sont donc le plus souvent métaphoriques, poétiques, plutôt que conceptuelles. Dans le texte ci-dessus figurait la paix, on rencontre aussi : la sécurité, l'eau vivante, la pureté, l'île, le refuge, la protection, l'autre rive, l'éternel, le désirable, l'heureux, etc. Il y a 32 synonymes dans un sutta, on les trouvera pages 153-154 de l'ouvrage cité de la Vallée Poussin. Que le *Nibbâna* constitue le souverain bien du bouddhiste est particulièrement évident dans le 140e sutta du *Maj. Nik.* : « Sa délivrance fondée sur la vérité, est inébranlable. O *Bhikkhu*, ce qui est irréalité est faux ; ce qui est réalité, *Nibbâna*, est vérité. Donc, O *Bhikkhu*, une personne ainsi pourvue est pourvue de la vérité absolue. Car, la Noble Vérité absolue (parama-ariyassaca) est *Nibbâna*, qui est la réalité. »

Ainsi donc, seul le *Nibbâna* est pleinement réel, en opposition au *samsâra*, le monde du changement et de l'errance perpétuelle, du conflit permanent des dualités. Pour l'école *Theravâda*, le terme technique qui désigne le *Nibbâna* est A-sankhata, le non-confectionné, en opposition à la totalité des mondes corporels, de la forme pure, et informel, qui sont tous « confectionnés »[6]. Cet état transcendantal ne peut être réalisé que par la connaissance intuitive, il est impossible à exposer par le langage. Le Bouddha expose le chemin qui permet de réaliser cette vérité, mais il faut bien comprendre que ce n'est pas l'ascèse qui permet d'obtenir le *Nibbâna*. S'il en était ainsi le *Nibbâna* serait le résultat d'une cause. En fait l'ascèse fait peu à peu disparaître les causes qui empêchent de voir le *Nibbâna*. Quand tous les empêchements ont disparu, le désir, la répulsion, l'ignorance, l'attachement au moi, alors cela qui devait « réaliser » le *Nibbâna* a disparu, cela qui devait « connaître » le *Nibbâna* s'est dissout, il n'y a plus de séparation entre un connaisseur, un objet connu et un acte de connaissance, il n'y a plus rien qui puisse être dit. C'est la raison pour laquelle le Bouddha refusait de répondre à la question : le Bouddha existe-t-il ou non après la mort, c'est-à-dire dans le *Nibbâna*. Les mots d'existence ou de non-existence n'ayant plus de sens, on ne peut faire aucune réponse correcte à cette question. La spéculation intellectuelle à ce sujet n'est d'aucune utilité pour la conquête du *Nibbâna*, il faut donc la supprimer.

[6] On trouvera une mise au point de cette question dans la thèse de doctorat ès lettres d'André Bareau, *L'Absolu en philosophie bouddhique*, Paris, 1951.

« Celui qui a détruit les impuretés, se soucie peu de la nourriture, qui a atteint le vide, le sans signe et la délivrance, sa trace est aussi difficile à suivre que celle des oiseaux dans l'espace » (*Dhammapada,* 93). « De celui qui a disparu, pas de mesure ; il n'y a plus rien de lui par où on parlerait de lui ; toutes les données qui le constituaient sont abolies : abolis, tous les chemins de la parole » (*Sutta-Nipata,* 10, 74).

C'est pourquoi une expression comme : « Un tel est entré dans le *Nibbâna* », est populaire et impropre. Le *Nibbâna* n'est pas un état dans lequel on entre, et pour y entrer il faut qu'Un tel ait disparu. Comme Un tel n'existait pas réellement, ce n'est pas une grande perte. Tout ceci semble paradoxal mais il est nécessaire de violenter un peu le sens commun, et la doctrine de l'*anattâ,* ou non-moi, n'est facile ni à comprendre, ni à pratiquer : « ...combien il est difficile de faire, en vérité, ce qui est bon et profitable » (*Dhammapada,* 163).

Ce *Nibbâna* peut être réalisé ici-même et par tout un chacun, quelle que soit sa race et sa condition sociale, pourvu qu'il soit doué d'une volonté farouche mise au service d'une claire lucidité. Dans la substance même de notre monde se trouve le germe de sa décomposition. A l'homme habile, le soin de le faire fructifier, il atteindra le *Nibbâna* sur terre, c'est-à-dire l'état d'*Arhat,* par l'extinction définitive des impuretés qui sont le germe d'existences futures. Mais la vie terrestre de l'*Arhat* continue un temps encore sur la lancée des énergies vitales déjà accumulées. Une fois celles-ci consommées, les cinq agrégats cessent leur jeu et la mort survient. C'est le *parinibbâna,* terme qui signifie littéralement que l'agrégat impermanent appelé l'*Arhat* Un tel est « entièrement éteint ».

Ce *Nibbâna* doit être réalisé à l'intérieur de nous-mêmes : « Dans ce même corps sensible, long d'une brasse, je postule le monde, l'apparition du monde, la cessation du monde, et le sentier menant à la cessation du monde. » Nous ne devons compter sur aucune force extérieure à nous, le Bouddhisme est l'école de la totale responsabilité. Il faut aussi ajouter que si l'on ne doit compter sur rien d'extérieur à soi, c'est que la conception bouddhique de l'homme n'a rien à voir avec les opinions étriquées de nos contemporains matérialistes. Dans cet homme, « long d'une brasse », peuvent se manifester des pouvoirs que la science rationaliste a déclaré invraisemblables donc inexistants ; des états spirituels béatifiques peuvent se développer, les *jhânas*, dont nous parlerons prochainement ; surtout la vision profonde des choses telles qu'elles sont est latente au fond de nous-mêmes et cette sagesse peut s'épanouir, pénétrer et transformer l'être pour en faire un de « ces sages absorbés dans la méditation, qui vivent avec délices dans la retraite et le renoncement, ces Bouddhas parfaits et vigilants que les Dieux eux-mêmes envient ». (*Dhammapada,* 181).

Nous avons tenté d'écarter certaines erreurs et de faire pressentir ce qu'est le *Nibbâna.* Ce souverain bien, ce but suprême annoncé à tous, et qui fait tomber l'accusation de pessimisme, portée à la légère contre l'enseignement du Bouddha, est l'objet d'une discipline précise et d'un itinéraire jalonné dans ses moindres détails. Il vous suffira de prendre ce sentier, le noble sentier octuple décrit par la quatrième noble vérité, pour goûter à ses fruits et expérimenter cette sérénité qui faisait dire au Vénérable Ajita :

Sans aucune crainte de la mort, ni sans plaisir de vivre.
Je déposerai sur le champ ce corps fait de pièces et [morceaux.
L'esprit vigilant, la conscience maîtrisée.

(Theragâthâ, 20).

Le Bouddha l'a proclamé « Les portes de l'immortel sont ouvertes » ; en suivant le sentier, cette certitude intuitive s'établira en vous : « Inébranlable est ma libération, celle-ci fut ma dernière naissance, il n'y a plus de nouveau devenir » (*Maj. Nik.,* 26).

La seule chose nécessaire est de se mettre en route vers le but suprême, non de spéculer sur celui-ci. Comme l'écrit le Professeur S. Radhakrishnan, qui fut Président de la République Indienne, le Bouddha savait... « que sa mission n'était pas de dévoiler aux hommes les secrets de la félicité et qu'il était beaucoup plus important de les amener à la réalisation directe de cette félicité » [7].

[7] *Indian Philosophy,* 2 vol., G. Allen and Unwin, édit., Londres, 1923.

CHAPITRE QUATRE

4. — LA NOBLE VERITE DU SENTIER CONDUISANT A L'EXTINCTION DE LA SOUFFRANCE

A. LE SENTIER

Ce sentier, c'est la voie moyenne, débarrassée des extrêmes, le noble sentier aux huit branches (ARIYA-ATTHANGIKA-MAGGA) qui sont :

1. La compréhension droite 2. La pensée droite	Réunies, dans le groupe de la sagesse (Pannâ)
3. La parole droite 4. L'action droite 5. Les moyens d'existence droits	Réunis dans le groupe de la moralité (Sîla)
6. L'effort droit 7. L'attention droite 8. La concentration droite	Réunis dans le groupe de la concentration (Samâdhi)

Sur ce sentier, il est dit que « chacun doit lutter pour soi-même, les BOUDDHAS ont seulement montré le chemin », (*Dhammapada,* 276). Examinons rapidement ses huit branches.

1. La compréhension droite est celle des quatre nobles vérités. Elle fait l'objet des techniques de méditation VIPASSANA que nous étudierons plus loin.

2. La pensée droite est celle libre de désirs, de mauvais vouloir, de cruauté, totalement détournée du monde et unie au sentier.

3. La parole droite est celle qui s'abstient de mensonge, de médisance, de mots durs, inutiles ou vains et se montre douce, aimante, courtoise, utile, modérée, etc.

4. L'action droite est évidemment différente chez le laïque et chez le moine. Le laïque observe les cinq préceptes suivants :

   1) S'abstenir de tuer tout être vivant.
   2) S'abstenir de voler (littéralement : ne pas prendre ce qui n'est pas donné).
   3) S'abstenir de rapports sexuels illégitimes, c'est-à-dire avec les personnes mariées, les proches parents, les mineurs, les détenus, les fiancés. Les rapports sexuels entre personnes majeures et libres sont autorisés. La sexualité n'est pas condamnée en elle-même mais doit être simplement contrôlée et surtout ne pas fournir d'occasion à un débordement passionnel ou à violer un engagement préexistant, ce qui lèserait un tiers, le conjoint légitime par exemple.
   4) S'abstenir du mensonge.
   5) S'abstenir des boissons enivrantes et des drogues intoxicantes, ceci non seulement afin de conserver une bonne santé physique, mais aussi et surtout une pleine lucidité.

   Le laïque pieux observe huit préceptes et le moine de très nombreuses observances supplémentaires, dont, bien entendu, la chasteté complète, car il est indispensable de surmonter intégralement les attirances sensuelles pour atteindre le *Nibbâna*.

5. Les moyens d'existence droits évitent ce qui peut nuire à autrui. Aussi certaines professions sont-elles interdites : le commerce des armes, des êtres vivants, de la chair, des boissons enivrantes, des poisons, l'usure, etc.

6. L'effort droit : c'est l'effort permanent d'éviter et surmonter les choses mauvaises, de développer et maintenir les choses bonnes.

La pratique de la moralité est à la fois la conséquence d'au moins un début de compréhension droite, qui en montre la nécessité, et le fondement de tout développement ultérieur de la méditation. Agir comme il est prescrit permet en effet de développer la compassion (*Karunâ*) pour autrui, laquelle est tout aussi indispensable que la sagesse *(Pannâ)*. Cette dernière permet de voir que les règles morales conduisent à mener une vie physique et morale saine, socialement harmonieuse, exempte de complications matérielles, de passions, d'agitation, de remords, tous facteurs qui interdisent l'exercice ou le progrès de la méditation. Il est vain d'espérer obtenir des résultats par les techniques de méditation si, au préalable, la vie pratique n'a pas été purifiée. Cependant il faut dire aussi qu'un début d'engagement dans la méditation, par le calme et l'ouverture d'esprit qu'il apportera, pourra fournir la juste énergie, nécessaire aux observances morales, ou aux rectifications des moyens d'existence qui s'imposaient, mais devant lesquelles on avait jusque-là reculé par faiblesse.

7. L'attention droite. C'est la parfaite présence de l'esprit à lui-même, aux formations mentales, aux sensations et au corps.

8. La concentration droite est la fixation de l'esprit sur un objet unique dans une intention droite.

Les trois derniers membres du sentier concernent plus particulièrement l'entraînement spirituel dans une de ses deux grandes catégories, celle de *Samâdhi*, la première, *Vipassanâ*, ayant été citée plus haut. Pour conclure ce bref exposé des huit branches du sentier, nous soulignerons que ces huit groupes sont interdépendants et non successifs. Ils se développent simultanément et non, bien entendu, dans l'ordre de leur exposé, à l'exception toutefois de la compréhension droite qui constitue effectivement le premier pas sur le sentier : un vrai Bouddhiste ne doit rien faire sans avoir d'abord saisi clairement que l'action envisagée est conforme à la vérité.

B. Généralités sur la méditation

On traduit généralement par méditation le mot pâli « *Bhâvanâ* » qui signifie littéralement « faire devenir, développement ». Le sens moderne de méditation est sans doute vague et affaibli, mais le terme peut convenir, si on lui restitue son sens étymologique vigoureux dérivé du latin « *meditari* », qui signifiait s'entraîner physiquement ou mentalement, en particulier à des excercices militaires. On distingue deux sortes de méditation : le développement de la tranquillité *(samatha-bhâvanâ)* par le développement surtout de la concentration *(samâdhi)* et le développement de la vision profonde *(vipassanâ-bhâvanâ)*. La tranquillité est un état d'esprit concentré, inébranlable, paisible, incorruptible, qui purifie l'esprit de ses souillures et de ses attachements et l'amène à connaître des états spirituels élevés appelés *Jhânas* que nous étudierons tout à l'heure. Cette purification de l'esprit permet alors facilement le jaillissement de la vision profonde, transcendante, des caractéristiques de l'existence. douleur, impermanence et absence de soi, qui seule amène à réaliser la sainteté et la libération. « Puissiez-vous développer, O Moines, la concentration mentale ; car celui qui est mentalement concentré voit les choses conformément à la réalité. » (*Sam. Nik.*, 22, 5).

Le Bouddhisme ne considère pas le monde comme pouvant servir de support positif à la vie spirituelle, mais sous son caractère phénoménal impermanent dénué d'être propre, voué à la souffrance et à la dissolution. Il met donc l'accent sur la purification et l'ascèse en vue de la sortie des trois mondes manifestés (du désir, de la forme pure, informel) et non sur la connaissance de ces mondes, excepté dans la mesure où cette connaissance constitue un moyen de libération. Le Bouddha n'a enseigné ni la chimie, ni la sociologie, mais la libération. Dégagée de toute attache avec le monde, avec un système social ou cosmologique, c'est donc dans l'homme intérieur que la méditation bouddhique prend son départ : dans là considération lucide, rigoureuse, claire et mesurée des phénomènes spirituels, mentaux et corporels. Ce style objectif, et proche des habitudes de la pensée scientifique occidentale dans ce qu'elle a de meilleur, se trouve porté à son plus haut point de perfection dans le *Theravâda*. Un Occidental à la pensée rationnelle dominante ne s'y trouvera donc pas dépaysé, ce qu'il serait sans doute dans certaines écoles du *Mahâyâna*, tout aussi parfait en son genre, mais aussi différent du *Theravâda,* qu'une cathédrale gothique flamboyante l'est d'une église cistercienne... On peut parallèlement supposer que ceux qui préfèrent le gothique au roman seront plus à l'aise dans le *Vajrayâna* que dans l'austère *Theravâda.* Si le *Theravâda* est rationnel, il s'en faut de beaucoup cependant qu'il soit rationaliste. L'exercice intellectuel y est une pratique ascétique au service de la vision spirituelle qui est supra-rationnelle. Si, des systèmes de méditation, on retranche chirurgicalement la vision profonde, il subsiste encore une méthode d'entraînement mental hors de pair, susceptible d'être pratiquée en vue de simples résultats psychologiques, quel que soit le cadre de référence religieux et métaphysique du méditant.

Si le Bouddhisme exclut de l'individu la présence d'une âme *individuelle* d'essence divine, ce qui peut choquer le Chrétien, il y inclut par contre des états psychiques et spirituels qui ne heurtent pas moins le matérialiste identifié à son corps charnel. La possibilité pour le méditant d'expérimenter les *Jhânas* [1] (terme technique bien difficile à traduire sinon peut-être par absorption, ou enstase), dont les derniers sont parfaitement informels, est attestée avec force et minutie par les textes... et les méditants eux-mêmes. Les quatre premiers appartiennent à la sphère de la forme pure *(rûpa-jhânas),* les quatre derniers au monde informel *(arûpa).*

Une concentration intense et lucide (il ne s'agit pas d'hypnose) et l'élimination temporaire des cinq « empêchements » : désir sensuel, malveillance, torpeur, agitation inquiète, doute sceptique, font entrer dans cet état béatifique nommé *jhâna.* Le premier *jhâna* comporte cinq facteurs constituants : la pensée conceptuelle et discursive *(vitakka* et *vicâra),* le transport joyeux ou enthousiasme *(pîti),* la joie *(sukha)* et la concentration sur le sujet de la méditation, lequel est donc clairement perçu. En cet état, le méditant « compénètre et imprègne, remplit et sature son corps de la ferveur et de la joie nées du détachement... » (*Digh. Nik.,* 1, 2). L'approfondissement de la méditation conduit le sujet à voir que la pensée conceptuelle et discursive particulièrement sensible à l'influence des « empêche-

[1] Sanskrit : *Dhyâna*

ments » et sujette aux fluctuations par son type même de fonctionnement, constitue un point faible, une imperfection à éliminer. Se dégageant de l'attachement qu'il a pu élaborer à l'égard de ce premier *jhâna*, il abandonne la pensée conceptuelle et discursive et pénètre dans le second *jhâna*, né de la concentration, rempli de ferveur et de joie. Considérant alors que la ferveur peut perturber l'esprit, il s'en détache, demeure lucide, concentré et joyeux et s'établit ainsi dans le troisième *jhâna*, l'état le plus heureux qui soit. Abandonnant enfin toute préférence pour cette joie sublime, exclusivement concentré sur le même sujet de méditation, il accède, au-delà de tout plaisir et de toute peine, à ce quatrième *jhâna* fait d'équanimité *(upekkha)* et de parfaite concentration. En cet état, la respiration du méditant est suspendue et l'esprit libre des limitations habituelles de notre monde peut s'orienter vers une connaissance transcendante :

— soit de certaines modalités du monde phénoménal qui le rendront maître de pouvoirs spirituels supérieurs *(abhiññâ)*, puisque le mental est la racine du monde matériel. « En toutes choses, l'élément primordial est le mental. Le mental est prédominant. Tout provient du mental » (*Dhammapada*, 1) ;

— soit des états informels maîtrisés successivement par les quatre *jhânas* du monde informel *(arûpa-jhâna)* ;

— soit, et c'est cela seulement qui importe, de la nature réelle de tout le monde phénoménal formel ou informel. La vision profonde *(Vipassanâ)* des trois caractéristiques de toute existence : impermanence, souffrance, absence de soi, est la seule qui mène au *Nibbâna*.

Il n'est pas inutile de donner quelques précisions sur les pouvoirs spirituels qui sont hautement scandaleux pour la mentalité moderne et sa vision matérialiste du monde et de l'homme. L'esprit accompli dans la pratique du quatrième *jhâna* est apte à discerner la nature essentielle des phénomènes mentaux et physique donc à maîtriser et produire ceux-ci à volonté. « Quand sa pensée est ainsi absorbée, toute pure, toute nettoyée, sans tache, exempte d'impuretés, devenue souple, prête à agir, stable, arrivée à l'impassibilité, il donne une impulsion à sa pensée et... » (*Digh. Nik.*, 1, 2), il maîtrise :

1. Les pouvoirs merveilleux : il produit un corps spirituel, devient multiple et se rassemble, assume une autre forme, traverse la matière, s'élève dans les airs, etc...

2. L'ouïe céleste qui entend les sons humains et divins, lointains et proches.

3. La pénétration de la pensée d'autrui.

4. La connaissance des existences antérieures.

5. L'œil divin qui voit la nature et le devenir des êtres dans tous les mondes.

Ces pouvoirs qui sont en quelque sorte un sous-produit naturel de la perfection spirituelle, et sont d'ailleurs attestés chez les saints de toutes les religions, ne doivent pas être recherchés pour eux-mêmes, et encore moins exhibés, sous peine de sanctions par la communauté des moines. Par la tentation qu'ils représentent, ils constituent parfois un danger pour la vie spirituelle. Il y a même là un indice très sûr de différenciation entre un vrai et un faux instructeur spirituel. Celui qui exhibe des pouvoirs psychiques et en fait parade ou leur attribue de l'importance n'est pas un maître authentique.

C. Les différentes techniques

1. *Les deux groupes*

Il existe quarante techniques de méditation dans le *Theravâda*, qui ont chacune leur individualité, sont appropriées à tel ou tel type de méditant et dont certaines ne mènent qu'au premier *jhâna*. Un sujet de méditation est donné par le maître au disciple et celui-ci se soumet à la direction régulière ou épisodique de son instructeur.

Ces techniques sont divisées en deux groupes.

Le premier, la voie de la tranquillité (*samatha*), comporte la pratique de l'attention et de la concentration qui mènent aux *jhânas*. Ceux-ci sont des oasis de bonheur calme où le méditant est temporairement libéré de bien des limitations douloureuses attachées à la condition humaine. Ils peuvent d'ailleurs être atteints par les fidèles de toutes religions mais ne délivrent pas de l'existence phénoménale. Leur seul intérêt est de purifier suffisamment l'esprit pour permettre au méditant de pratiquer ensuite avec un succès rapide *Vipassanâ*, la vision profonde, qui est en fait la seule technique de méditation propre au Bouddhisme.

Le deuxième groupe est celui de *Vipassanâ*. La vision profonde peut d'ailleurs être pratiquée seule, à peu près d'emblée, quand le méditant est parvenu à une concentration suffisante, mais inférieure à celle réalisée dans le premier *jhâna*. Seule la vision profonde mène au *Nibbâna*.

2. *Un stade préparatoire nécessaire :* le développement de l'attention

Il est dit : « La seule façon d'atteindre la pureté, de surmonter le chagrin, de faire cesser la peine et la douleur, d'ouvrir l'accès au vrai chemin de la réalisation du *Nibbâna*, se trouve dans les quatre attentions fondamentales » (*Digh. Nik.*, 22) qui sont celles au corps, aux sensations, à la conscience, aux objets de l'esprit.

« Ainsi il demeure dans la contemplation du corps, il perçoit comment le corps se forme, comment il se défait ; il perçoit l'apparition et la disparition des corps. " Un corps est là ". » (*Digh. Nik.*, 22.) Un corps est là, mais pas mon corps, pas un Soi ni rien qui appartienne à un Soi. « Et poursuivant, le disciple est clairement conscient dans ses allées et venues, clairement conscient en regardant en avant ou en arrière ; clairement conscient en se baissant ou en se redressant ; clairement conscient en mangeant, buvant, mâchant, goûtant, accomplissant les fonctions naturelles, etc... » (*Digh. Nik.*, 22).

La méditation n'est pas séparée de la vie, n'est pas une retraite en un monde irréel. Elle est ce qui permet d'aller au cœur des choses mêmes, à chaque instant de l'existence. Quand on épluche des légumes, l'essence de la spiritualité c'est d'éplucher parfaitement les légumes et rien d'autre, c'est-à-dire ne pas faire de projets, de ne rien regretter, imaginer ou désirer. La contemplation permanente et détachée des sensations corporelles et des états de l'esprit amène progressivement à une acuité considérable de l'attention et de la vision mentale.

3. *Exemples sommaires de quelques techniques*

a) LES KASINAS. Ce sont des artifices externes qui permettent de développer la concentration de l'esprit en le fixant sur l'objet visible jusqu'à ce que le méditant perçoive enfin, même les yeux fermés, un reflet mental complet et stable de l'objet. Celui-ci est alors abandonné et la concentration s'effectue sur l'image mentale seule. Cette technique conduit évidemment aux *jhânas*. Les *Kasinas* sont au nombre de dix : la terre, l'eau, le feu, l'air, les couleurs bleu, jaune, rouge et blanc ; enfin l'espace et la conscience, ces deux derniers menant aux *arûpas-jhânas*.

b) LES ANUSSATIS (rappel au souvenir, récollection). Nous n'en citerons que trois, ceux du BOUDDHA, du DHAMMA (la Loi) et du SANGHA (la Communauté). Ils sont destinés à rappeler au méditant les mérites sans nombre de ces trois joyaux pour l'apaiser et l'affermir, et mettent en jeu l'intelligence comme la foi, la dévotion et l'amour ; ils ne mènent qu'à une concentration imparfaite en raison de leur complexité, donc pas aux *jhânas*, mais introduisent parfaitement à une méditation *Vipassanâ*.

c) Les quatre demeures de BRAHMA, c'est-à-dire sublimes *(Brahma-vihâra)*. Ces méthodes permettent à ceux dont le « sentiment » est la qualité dominante d'utiliser pleinement leurs possibilités. Il s'agit de défaire le lien de la conscience finie au moyen de l'irradiation d'un sentiment toujours plus vaste et universalisé. Ces quatre « états illimités » sont : l'amour bienveillant *(mettâ)*, la compassion *(karunâ)*, la joie altruiste *(muditâ)*, l'équanimité *(upekkhâ)*. Les trois premiers mènent aux trois premiers *jhânas*, le quatrième au quatrième *jhâna*. Afin d'assurer à ceux qui suivent la voie de la vision profonde un développement équilibré, il leur est conseillé de commencer leurs méditations par une méditation sur l'amour bienveillant ou par la lecture du *Mettâ sutta*.

d) L'attention au va-et-vient du souffle *(ânâpânasati)* sur laquelle sera centré l'exposé, est la technique centrale, celle qu'utilisa le Bouddha pour atteindre le *Nibbâna*. Ce n'est peut-être pas la plus facile, mais elle peut être pratiquée par tous sans danger. Elle consiste à se concentrer simplement sur l'inspiration et l'expiration sans les influencer volontairement, et en ce sens est fondamentalement différente des techniques hindoues de *Prânâyama*.

Chapitre cinq

BREF PANORAMA DES TECHNIQUES

Avant d'examiner plus précisément les deux seules techniques que nous décrirons en détail : l'attention au va-et-vient du souffle et l'attention au corps, il convient de les situer dans la profusion complexe des méthodes bouddhiques de méditation. Leur richesse est telle qu'une simple nomenclature nécessiterait déjà un volume. Aussi serons-nous très schématique. Nous suivrons comme fil conducteur la dichotomie entre les deux familles des méthodes de concentration *(samâdhi)* [1] et de vision pénétrante. Etant entendu que les deux peuvent s'associer. Enfin l'appartenance à l'un ou l'autre des véhicules ainsi que les facteurs culturels nationaux ont modifié certaines techniques, beaucoup moins cependant qu'un coup d'œil superficiel ne le ferait croire. En fait, les deux seules originalités qui innovent, par rapport aux pratiques du *Theravâda*, sont les techniques tantriques et l'usage des *koans* de l'école Zen Rinzaï.

La voie de la tranquillité (*samatha*)

Le développement de la concentration et de nouveaux modes de fonctionnement de l'esprit caractérisent cette voie. Nous avons déjà sommairement décrit (au chapitre IV) quelques-uns des sujets de méditation classiques dans le *Theravâda*. On rencontre bien entendu les mêmes dans les

[1] Littéralement : placer ensemble, composer, mettre en ordre. La traduction habituelle par concentration (qui évoque cependant l'idée de centre ordonnateur et d'attitude centripète) est trop partielle.

écoles du *Mahâyâna,* ou du Tantrisme où le développement de la concentration (Tibétain : *Chiné*) est aussi à l'honneur comme préliminaire indispensable. D'autres supports de concentration peuvent être proposés par un maître compétent. A la limite, le support est secondaire.

En ce domaine, les innovations ont été apportées par le Tantrisme, dont nous ne parlerons guère, puisque ce livre s'adresse aux débutants. Pour dissiper quelques illusions, nous aimerions préciser que la pratique effective des méthodes tantriques suppose :

1. La connaissance et la pratique des enseignements de base du Bouddhisme, tels qu'ils sont acceptés par les trois véhicules.

2. Le développement de l'esprit de l'éveil et de l'idéal du *Bodhisattva,* c'est-à-dire le développement de la compassion au service de tous les êtres.

3. La mise en œuvre de pratiques spécifiques transmises par voie initiatique de maître à disciple et dont chacune suppose le respect de vœux particuliers. On voit que l'apport tantrique ne survient que par surcroît et suppose la connaissance et l'observance du *Theravâda* et du *Mahâyâna.*

Certaines techniques ne sont d'ailleurs enseignées qu'à une petite minorité de disciples rigoureusement sélectionnés. Ce sont celles qui constituent le Yoga tibétain proprement dit et supposent la mise en œuvre d'une physiologie subtile et l'éveil de la *kundalini.* C'est le cas également de maintes méthodes de méditation incluant les formes courroucées des divinités. C'est-à-dire très exactement ce qui appâte l'Occidental friand de phénomènes extraordinaires, de curiosités sexuelles ou de monstruosités exotiques.

Certaines méthodes de méditation spécifiques du Tantrisme, c'est-à-dire incluant des visualisations développées de formes divines symboliques, de *mandalas* ou dessins géométriques centrés, et l'usage des répétitions de *mantras,* sont par contre largement enseignées et donc facilement accessibles en France aujourd'hui. C'est le cas des méditations concernant les formes paisibles des divinités les plus courantes et tout particulièrement du populaire *Chenrézi* (*Sk. Avalokiteçvara*), incarnation de la compassion.

On se tromperait toutefois lourdement en supposant qu'il s'agit là de techniques « faciles ». Si elles peuvent être enseignées à des débutants parce que relativement sans danger lorsque le maître en surveille l'usage, le succès, là aussi, suppose un long entraînement, à moins de dispositions individuelles très favorables aux visualisations, rarement rencontrées. C'est-à-dire que le long processus de purification des souillures et d'entraînement à la concentration doit de toute nécessité s'effectuer au préalable. Soit que le débutant s'entraîne à l'une des pratiques de concentration méditative utilisée dans toutes les écoles, l'attention au va-et-vient du souffle par exemple, soit qu'il utilise les techniques spécifiques du *Vajrayâna* que sont les prosternations et la répétition des *mantras*.

Le *mantra* est une formule, transmise dans les formes traditionnelles de maître à disciple, dont la répétition par les lèvres, le mental et le cœur permet de réaliser cette prière incessante dont parle saint Paul (Priez sans cesse, I Thes., 5, 16) et cette sanctification si nécessaire de tous les actes de la vie quotidienne. Répété des dizaines et des centaines de milliers de fois, le *mantra* réalise la concentration et l'unification de l'esprit, la purification des impuretés, l'éveil enfin lorsqu'il délivre son message spirituel, lequel ne peut être appréhendé par l'intellect dialectique mais par l'œil de la sagesse. En ce sens, on retrouve au niveau du *mantra* la même différence, que nous étudierons plus loin, entre l'aspect technique de concentration, avec tout ce qui peut y être joint, et l'aspect de vision pénétrante, qui est d'ailleurs là aussi le cœur de la méthode. Certaines formules sont secrètes, d'autres sont tombées dans le domaine public comme le *mantra* d'Avalokiteçvara : « *Om mani padme hum* » (cf. GOVINDA) ou celui du Bouddha Amida : « *Namu Amida Butsu* », en japonais (cf. SUZUKI, t. II, ch. X). Publicité d'ailleurs sans inconvénient, le secret du *mantra*, comme le secret initiatique, étant par essence de l'ordre de l'indicible. L'Occidental trouvera ici des parallèles très proches, avec, dans l'Islam, la pratique du *dhikr* et, dans l'hésychasme orthodoxe, celle de la prière du cœur.

La voie de la vision profonde (*vipassanâ*)

Nous terminerons ce survol en mentionnant la technique la plus surprenante, pratiquée surtout dans l'école Rinzaï du Zen japonais, celle du *Koan*. Le talent de D.T. Suzuki et de nombreux autres auteurs, le snobisme anti-intellectualiste aidant, ont vulgarisé cet aspect anti-conformiste du Zen parmi les Occidentaux, dont toutefois l'immense majorité n'a pas dépassé le stade d'un voluptueux prurit exotique. Le véritable *koan* est justement tout autre chose. La saisie intérieure farouche d'un problème intellectuellement insoluble amène après des années de lutte quotidienne au bouleversement de l'égo et au surpassement de la pensée dialectique, ce qui, bien sûr, ne signifie pas sa destruction. Comme l'appréhension théorique du problème est de peu d'intérêt et que la pratique du *koan* nécessite la fréquentation assidue d'un *roshi* compétent [2], nous laisserons là cette question, pour mentionner, enfin, que dans l'école Rinzaï aussi, mais surtout dans l'école Soto, est à l'honneur une méthode étroitement apparentée, voire superposable aux techniques les plus anciennement connues de l'école *Theravâda*, ainsi qu'aux techniques dites *Mahamudra* du Bouddhisme tibétain.

Nous voulons parler de ce qui, dans le Zen japonais, est appelé *Zazen* sous sa forme de *shikan-taza* et constitue, à peine modifié par le génie japonais, une application contemporaine des techniques millénaires d'*ânâpânasati* et de *satipatthâna*, cœur de notre sujet. Nous avons choisi de centrer notre exposé sur ces techniques pour plusieurs motifs.

Le premier, historique, est l'affirmation du Canon que le Bouddha parvint au *Nirvâna* par ce moyen. Le deuxième est que cette méthode est relativement dénuée de danger et ne nécessite pas la présence fréquente d'un instructeur. La troisième est que l'exposé qui en est fait dans le Canon pàli et les commentaires, est précis, didactique, et rédigé dans une langue indo-européenne dont l'esprit nous est plus aisément accessible que le chinois ou le japonais, si bien que

[2] qu'on trouvera au monastère Zen Rinzaï du Taillé, La Riaille, 07800 Saint-Laurent-du-Pape.

les traductions en langues occidentales sont plus exactes et plus nombreuses.

Nous nous limitons désormais à l'étude des techniques pratiquées dans l'école *Theravâda*, décrites dans le Canon pàli et les commentaires autorisés, vécues encore de nos jours dans les monastères et les centres de méditation du Sud et du Sud-Est asiatiques et celles de l'école Soto du Zen.

Nous soulignerons tout d'abord que les huit aspects de la Noble Voie *(ariya-atthangika-magga)* qui mène au *Nirvâna*, constituent un tout dont la présentation analytique ne doit pas dissimuler l'unité vivante. La Voie est divisée en trois sections. La première, celle de la moralité (*Sîla*) concerne la façon juste de gouverner les paroles, l'action et les moyens d'existence. La deuxième, celle de la concentration (*Samâdhi*), concerne la juste manière d'utiliser l'effort, l'attention et la concentration, elle comprend celles des techniques de méditation qui relèvent de la Voie de la tranquillité (*Samatha*). La troisième section, dite de la sagesse[3] (en pàli : *Paññâ*), recouvre la justesse de la compréhension et de la pensée ; elle inclut celles des techniques de méditation qui relèvent de la voie de la vision pénétrante *(Vipassanâ)*[4]. Ces trois sections doivent être cultivées simultanément.

« Puissiez-vous développer, ô Moines, la concentration (ou composition) mentale ; car celui qui est mentalement concentré (ou com-posé) voit les choses conformément à la réalité » (*Sam. Nik.*, 22, 5). Ainsi, après avoir suivi un temps variable la voie des *Jhânas* et perfectionné son outil spirituel, le méditant doit-il finalement utiliser la seule technique qui soit spécifiquement bouddhique : *vipassanâ*, la vision pénétrante des caractéristiques de l'existence ; douleur (*dukkha*), impermanence (*anicca*), absence de soi (*anattâ*) qui seule amène à la libération totale, au *Nirvâna*. Certains sujets cependant, dès qu'ils ont atteint le niveau minimum nécessaire de concentration (nous verrons plus tard que c'est celui de l'atteinte du *nimitta*) suivent tout

[3] En sanskrit, *prajñâ*, littéralement : la connaissance d'avant, l'état de l'esprit non partagé ni troublé. Nous avons traduit par sagesse, en référence au contexte associatif Français : connaissance juste des choses, dit le Robert. En Tibétain ,: *Chérab*.

[4] Tibétain : *Lhaktong*.

au long de leur carrière la voie austère de la vision pénétrante. Ils sont des *sukkha-vipassaka,* et suivent une voie « sèche » (*sukkha,* littéralement, signifie sec) là où la voie de *samatha* peut être décrite comme une voie « humide », pour utiliser une terminologie occidentale, alchimique ou mystique. Dans la première prédomine la contemplation objective et impersonnelle et l'action de l'intellect transcendant, dans la seconde une phénoménologie plus souple et diverse d'où les formes mentales et les manifestations affectives ne sont pas absentes.

On peut noter aussi en passant que le caractère graduel de la voie des *Jhânas,* opposé à l'aspect fulgurant des intuitions illuminatrices de la voie de la vision profonde, correspond exactement à l'opposition de l'école progressive ou du Nord, dirigée par Shen-Hsiu, à celle abrupte du Sud, dirigée par Houeï-Nêng, dans le Chan chinois.

La victoire, d'ailleurs conforme au génie du Bouddhisme, de l'école de Houeï-Nêng d'où est sorti l'actuel Zen japonais, explique la prépondérance actuelle dans les techniques du Zen de celles qui relèvent de *vipassanâ,* ou de *Prajnâ* pour utiliser le terme sanskrit correspondant en usage dans le *Mahâyâna.* Ce qui s'accompagne parfois d'une dévalorisation didactique ou parfois polémique, des méthodes de concentration, voire des affirmations hasardeuses, quand on lit que l'auditeur du *Theravâda* a le calme pour moyen de progression unique (*samathaikayânika*). L'idéal *Theravâdin* est au contraire de développer la tranquillité et la vision profonde accouplées (*samatha-vipassanâ-yuga-naddha*) pour reprendre une affirmation même du Canon pàli. A ce même point de vue polémique, il faut savoir que le terme *Hinayâna,* petit véhicule, pour désigner l'école qui se dénomme elle-même *Theravâda,* la voie des Anciens, est franchement incorrect et discourtois. Si l'on peut retenir l'usage du mot *Hinayâna* pour désigner la conception du Bouddhiste qui recherche son seul avantage sans se préoccuper d'autrui, il convient de remarquer qu'un certain nombre de fidèles formels d'une école du *Mahâyâna,* appartiennent en réalité et en ce sens au *Hinayâna,* lorsqu'ils ne se soucient en fait que d'eux-mêmes. Inversement, certains fidèles du *Theravâda* sont d'authentiques *Bodhi-Sattvas* au sens *mahâyânique.* Nous espérons, par ces remarques, contribuer à enterrer, en France, les derniers échos d'une querelle qui ne nous concerne plus.

Pour éviter une erreur assez répandue, nous devons signaler que *Jhâna* prend parfois un sens très général recouvrant le champ entier de la méditation, qu'il ressortisse aux techniques de *samatha* ou à celles de *vipassanâ*. Sous sa forme sanskrite *dhyâna*, il a ainsi servi à qualifier l'école bouddhique qui insistait au maximum sur cet aspect de la Voie, et sa déformation phonétique a donné Chan en Chine et Zen au Japon. Mais dans le Canon pàli, il prend en général un sens plus spécifique, qu'éclaire l'étymologie traditionnelle invoquée par Buddhaghosa : d'un côté *jhâyati*[5] : penser, contempler, de l'autre *jhâpeti* : brûler. Le *Jhâna* est donc cette forme de contemplation qui brûle ou élimine les empêchements (*nîvarana*) et le mot désigne des états de conscience particuliers aux caractéristiques précises que nous étudierons par la suite.

Quant au terme *vipassanâ*, purement bouddhique, il s'explique par le verbe *vipassati* : voir de différentes façons, pénétrer profondément un objet. Nous l'avons rendu par vision pénétrante. Il concerne cette vision immédiate, quasi intuitive, qui jaillit soudainement à maintes et maintes reprises, de la réalité des choses telles qu'elles sont, suivant l'enseignement bouddhique (*anicca, dukkha, anattâ*). Arriver à « voir » ainsi la totalité du monde phénoménal, grossier ou subtil, et du monde sans forme, tel est l'objet de la vision bouddhique. Il va de soi qu'un non-Bouddhiste n'a pas à cultiver une telle forme de méditation, pour lui dénuée de sens et, qu'inversement celui, qui spontanément voit ainsi le monde, est prédestiné à la Voie bouddhique. Dans les textes, *vipassanâ* a plusieurs quasi-synonymes dont nous retiendrons *Paññâ* (compréhension, intelligence intuitive, connaissance transcendante, sagesse, pré-connaissance, vision pénétrante) plus répandu sous sa forme sanskrite *Prajñâ*, en raison du développement considérable qu'a connu cette notion dans le *Mahâyâna* et de l'immense littérature consacrée à la perfection de Sagesse (*Prajñâ-pâramitâ*). La signification du terme se ramène au niveau le plus général, à celle du « principe sous-jacent à toutes les formes

[5] La racine sanskrite signifie briller.

de connaissance »[6] (*Shwe Zan Aung*) et qui à lui seul peut mener au *Nirvâna*, l'être qui aura réalisé la libération par la sagesse (*pannâ-vimutti*). Il n'est pas inutile de rappeler l'importance de *pannâ* dans le *Theravâda* en puisant dans le *Visuddhimagga* quelques extraits simplifiés (p. 479 et sq.).

1. Qu'est-ce que la Sagesse ?
   C'est la compréhension pénétrante associée à une pensée pure.

2. En quel sens est-ce là la Sagesse ?
   Parce qu'elle surpasse la perception et la connaissance distinctive. La perception (*sannâ*) connaît d'un objet sa couleur ou sa forme mais non sa nature intrinsèque. La connaissance distinctive (*vinnâna*) comprend la couleur, la forme, la nature intrinsèque, mais ne réalise pas la manifestation de la voie' supra-mondaine. La Sagesse connaît l'objet, sa nature intrinsèque, et atteint la Voie.

3. Quels sont les caractéristiques, fonction, manifestation, et cause prochaine de la Sagesse ?
   Sa caractéristique est de pénétrer la vraie nature des choses, sa fonction de dissiper les ténèbres de l'ignorance, sa manifestation, l'absence d'égarement, sa cause prochaine, la concentration.

4. Combien y a-t-il de variétés de la Sagesse ?
   Là s'ensuivent de longues énumérations analytiques qui faisaient la joie des Bouddhistes d'autrefois, lesquels avaient le temps et usaient de ces dénombrements comme une ascèse. Nous abrégeons pour être lu... et publié. Retenons que cette Sagesse peut être mondaine (*lokiya*) ou supra-mondaine (*lokuttara*), influencée par ou libre des purulences (*âsava*), réalisée par le raisonnement, la com-préhension des textes ou la méditation, et qu'elle consiste dans la connaissance des quatre vérités aryennes.

5. Comment la Sagesse peut-elle être développée ?
   Par la compréhension de l'enseignement bouddhique concernant les agrégats (*khandhas*), la conditionalité des

[6] Anuruddha-Abhidhammattha-Sangaha. Trad. anglaise par Shwe Zan Aung. Pali text Society. Londres. 1956.

phénomènes et notamment celle de la chaîne des douze origines interdépendantes (*paticcasamuppâda*) qui constituent le sol où *pannâ* se développe, cependant que la purification morale et mentale constitue ses racines et la purification de *pannâ* elle-même, son tronc et ses branches.

6. Quels sont les résultats du développement de la Sagesse ? En bref, la destruction et pas seulement l'atténuation des purulences (*âsava*), l'accomplissement de la Voie aryenne, la libération, le *Nirvâna,* dont les méthodes *vipassanâ* constituent la voie directe.

CHAPITRE SIX

DONNEES PRATIQUES SUR LES DEBUTS

1. CONDITIONS PRÉLIMINAIRES

Le méditant doit savoir au préalable qu'il devra mobiliser toutes ses forces pour la tâche la plus difficile qui soit, que de nombreuses difficultés l'attendent, à surmonter par l'usage habile de moyens très divers.

Le Bouddhiste place chaque méditation dans le cadre de sa marche sur le sentier bouddhique, en réitérant d'abord la prise de refuge suivant les formes rituelles de l'école dont il suit l'enseignement. C'est ainsi qu'il peut rassembler efficacement toutes les puissances de la sagesse, de la confiance et de la dévotion, tout en les orientant suivant les règles pratiques élaborées au cours de millénaires d'expérience. Celui qui est dépourvu de l'ambition correspondante et privé de l'aide dispensée par une filiation spirituelle régulière[1], ne peut retirer de telles pratiques que les bienfaits, d'ailleurs considérables, d'une meilleure hygiène mentale et corporelle (ce que les Japonais appellent *bompu-zen*).

Dans toutes les écoles du Bouddhisme, l'insistance est mise sur le nécessaire équilibre entre la sagesse et la compassion. C'est pourquoi, par exemple, le *Theravâda* conseille de faire précéder une méditation relevant de la voie de la vision pénétrante, par une brève méditation sur

[1] On trouvera sur cette question capitale de la nécessité de l'affiliation rituelle, de lumineuses mises au point, dans deux ouvrages de R. GUÉNON : « Aperçus sur l'initiation » et « Initiation et réalisation spirituelle », Editions Traditionnelles, Paris.

l'amour bienveillant (*mettâ*) ou la récitation du *mettâ-sutta*. Des exemples analogues se trouvent en foule dans le *Vajrayâna*.

Rappelons enfin la nécessité technique de l'observation des préceptes de comportement (*sîla*) prescrits aux laïques qui représentent, en fait, des règles éprouvées d'hygiène physique, mentale et spirituelle.

2. Conditions matérielles et psychiques

a) *Défavorables*

— Le bruit et particulièrement les bruits soudains et violents.

— La fatigue, la maladie, la période digestive gênent la concentration ou mènent à la somnolence. Une santé raisonnablement bonne et un régime alimentaire léger dépourvu d'excitants s'avèrent nécessaires. Un cas particulier est celui de l'obstruction nasale qui empêche évidemment de pratiquer. Le lavage des fosses nasales quotidien à l'eau salée, ou l'une ou l'autre des techniques yoguiques apparentées (*neti*) rendent dans ce cas de grands services.

— Les vêtements serrés.

— L'anxiété, les émotions violentes, les états passionnels, les remords, etc... gênent la concentration. On peut attendre qu'ils se calment, ou bravant la difficulté, utiliser justement la méditation pour les atténuer.

b) *Favorables*

Elles sont inverses des précédentes. La solitude, la campagne, l'aube, la tombée de la nuit favorisent le calme et la concentration. Mais aussi la compagnie d'autres méditants, s'ils sont ardents, et la fréquentation de certains lieux chargés en influences spirituelles bénéfiques. Réserver dans sa demeure un lieu consacré à la méditation, le décorer peut-être, y placer des objets rituels, fait partie de ces adjuvants, variables suivant la sensibilité de chacun, qu'il ne faut pas sous-estimer.

3. La posture

Le méditant doit arriver, après entraînement, à rester immobile longtemps, éventuellement plusieurs heures. Ceci implique l'utilisation d'une des postures (*asana*) désormais bien connues en Occident depuis l'introduction du Hatha-Yoga. Ces postures réalisent une assise stable, symétrique, pouvant être gardée avec un minimum d'effort et finalement confortable, même si les débuts sont parfois cruellement douloureux.

Nous ne les décrirons pas dans le détail, précisant simplement que la meilleure est la posture du lotus (*padma-âsana*) mais qu'on peut utiliser aussi le demi-lotus, la posture de la foudre (*vajra-âsana*) et celle, facile, dite de réalisation (*siddha-âsana*) ou la variante la plus simple dite posture birmane. L'expérience montre qu'à peu près tout le monde finit par y arriver. Il reste que certains peuvent en cas d'échec utiliser un petit banc de méditation, ou même une simple chaise à la condition de conserver le buste droit, les jambes détendues, les pieds bien à plat sur le sol.

La grande majorité des Occidentaux se trouvera bien d'utiliser les accessoires mis au point par l'école Soto du Zen, qui insiste, à très juste titre, sur l'observance des divers points de la posture. On trouvera tous les développements sur ce sujet dans les ouvrages de Taisen Deshimaru Roshi. Nous ne donnerons ici que quelques points essentiels.

Un tapis (le *futon* japonais) est destiné à éviter les meurtrissures inutiles des chevilles contre le sol : le méditant n'est pas masochiste. Un coussin rond (le *zafu*[2] japonais) suffisamment haut et ferme, bourré de kapok, est évidemment destiné au confort des fesses. Mais il a aussi pour fonction, en surélevant le bassin et en le faisant pivoter vers l'avant, de permettre tout à la fois la liberté de la respiration abdominale, et un appui plus facile de toute la jambe sur le sol, répartissant ainsi le poids sur une surface triangulaire la plus étendue possible.

[2] En l'absence de coussin une couverture pliée remplira cet office.

Sur cette base, la colonne vertébrale peut alors s'établir et s'élever verticalement. Si beaucoup d'Orientaux, entraînés dès leur jeune âge, sont capables d'ériger verticalement leur colonne vertébrale, étant assis à plat par terre, très peu d'Occidentaux sont capables de cette performance, et dans ces conditions se plient lamentablement en deux. Tous les *Suttas* insistent sur cette verticalité qui permet à la posture de se maintenir avec un minimum d'effort musculaire. Au sommet, la tête demeure dans l'axe sans effort lorsque le plan des oreilles passe par les épaules et que la verticale du bout du nez est à l'aplomb du nombril.

Jusqu'ici la posture apparaît comme entièrement naturelle et physiologique. Le détail suivant, qui consiste à rentrer le menton, apparaît comme artificiel et nécessite pour son maintien le déploiement continu d'un effort d'attention. Il y a là justement un test de l'existence du niveau souhaité de vigilance mentale et le méditant vérifiera maintes fois qu'il sombre dans la somnolence s'il se met à piquer du nez, ou dans la rêverie s'il met le nez en l'air. On trouve dans ce détail technique un exemple du principe qui consiste à régler le mental en réglant le corps.

Le visage détendu, la bouche close doucement, la langue reposant sans effort sur le plancher de la bouche, ou éventuellement recourbée vers le palais, les paupières légèrement baissées pour diminuer le champ de vision et les distractions qu'il apporte, l'attention visuelle tournée vers l'intérieur, il reste à régler le problème du spectacle résiduel. On peut, soit se placer face au vide en ayant devant soi un sol relativement homogène et neutre, soit se placer face à un mur également neutre.

Enfin, le méditant n'a plus qu'à disposer ses mains. Il est possible de les déposer simplement dans le giron, les épaules et les bras détendus. Mais il est préférable de les disposer suivant le modèle du geste de la méditation (*dhyâna-mudra, sk.*) dont il existe quelques variantes. Nous décrirons celui en usage dans l'école Soto du Zen et qui est illustré dans l'iconographie par la posture du Bouddha Amitâbha.

Les mains sont placées contre l'abdomen, paumes en haut, entre le nombril et les organes génitaux, la gauche sur la droite (l'inverse dans le Tantrisme), les pouces se touchant légèrement, de telle façon que l'ensemble dessine une figure harmonieuse rectangulaire ou ovale. Les deux pouces engendrent alors une unique sensation de contact qui sert de support à la concentration. De plus, nouvel exemple du principe cité plus haut, le maintien de ce *mudra* sert de test de concentration, car, lorsque celle-ci fléchit, les pouces s'affaissent et dessinent une vallée, alors qu'ils se relèvent pour former une montagne, lorsque la tension intérieure devient trop vive.

L'expérience montre que chacun des points de la posture ici décrite a son importance lorsque le méditant pratique ce qui est appelé *shikan-taza* dans l'école Soto du Zen, ou l'attention au corps dans la méthode *Vipassanâ* de l'école *Theravâda*, les deux étant d'ailleurs superposables.

4. Le temps

Combien de temps faut-il rester sur le coussin ? La réponse, bien sûr, dépend de votre ambition. Tels ascètes méditatifs y passent leur vie, tels moines quinze heures par jour lors de périodes intensives en Orient et des Français moyens et laïques, sept ou huit heures dans des sessions d'entraînement. Mais chez soi, dans sa famille, tous les jours ? Il n'est possible que de donner quelques conseils. L'expérience montre qu'il faut souvent un quart d'heure environ pour que le mental se calme et qu'une concentration suffisante apparaisse. Il est donc souhaitable de ne pas descendre au-dessous de ce chiffre. Une durée, quotidienne, d'une demi-heure à une heure est, en tout cas, suffisante pour obtenir des résultats et l'homme ordinaire désirant en obtenir, il serait irréaliste de ne pas en tenir compte. Il importe peu de mesurer exactement cette durée, l'approximation fournie par la durée de combustion d'une baguette d'encens de longueur connue est largement suffisante et préférable à l'usage d'un réveil dont le tic-tac est perturbateur. Mais outre cette pratique régulière, il est utile d'effectuer de temps en temps des sessions intensives, seul ou en groupe, souvent nécessaires pour aller au-delà et au-delà du par-delà.

Nous avons supposé jusqu'ici que le méditant, intellectuellement préparé, s'était enfin décidé à s'asseoir, mais l'expérience courante montre qu'avant d'atteindre ce stade, ou de s'y maintenir, les difficultés ne sont pas minces, aussi convient-il maintenant d'aborder :

5. Les obstacles psychologiques a la pratique de la méditation

Ecartant le cas évident de l'homme absorbé par la vie mondaine, nous voudrions rechercher pourquoi ne médite-t-on pas alors qu'on est intellectuellement convaincu de l'utilité, voire de l'excellence de la méditation ? On se donne des excuses, le manque de temps en particulier est souvent invoqué, prétexte qui ne résiste pas à l'examen car un choix judicieux éliminerait au profit de la méditation quantité d'activités secondaires parasites ou inutiles, si l'on voulait bien. Activités qu'à la réflexion on juge bien telles... mais qu'on continue cependant à pratiquer. Et l'on voit ainsi des personnes correctement informées sur le Bouddhisme, qui savent fort bien la nécessité d'unir la moralité, la sagesse et la méditation, observent de façon suffisante les règles d'un comportement juste, cultivent leur intelligence par la lecture des textes, et cependant s'abstiennent soigneusement de pratiquer la méditation. Que penser de ce comportement qui illustre ce qui faisait dire au poète latin Ovide :

Video meliora proboque, deteriora sequor.
Je vois le bien et je l'approuve, je fais le mal.

Mais il faut se demander justement quelles sont les forces qui en nous résistent, s'opposent à ce que nous appliquions une décision que nous avons reconnue utile, voire même nécessaire ? Et pour cela vont employer mille ruses.

La première est évidemment de supprimer le problème en ne l'abordant pas, comme s'il n'existait pas. Tant il est vrai que l'intelligence n'examine que ce qu'on veut bien lui laisser voir. Nous verrons plus loin qui est ce « on ». Et c'est ainsi que se rencontrent des connaisseurs du *Dharma* qui savent par cœur : « De la méditation naît la sagesse, sans méditation la sagesse s'évanouit » (*Dhammapada,* 282), mais se gardent bien de méditer et ne se sont jamais demandé pourquoi ils agissaient ainsi. D'ailleurs, les laïcs ne sont pas seuls en cause et l'histoire bouddhique compte nombre de monastères où les cérémonies et la lecture des *sutras* ont fini par dévorer tout le temps consacré à la méditation. Dégénérescence contre laquelle tous les maîtres, et ceux de l'école Zen en particulier, ont toujours vigoureusement réagi. Si donc ce mal va jusqu'à frapper les moines, c'est qu'il est bien fondamental et difficile à parer.

En ce sens, lire ou chanter un *Sutra* apparaît comme plus facile, plus naturel car plus conforme aux activités habituelles où l'esprit et le corps s'appliquent à un objet qui apparaît comme extérieur à eux. Ce genre d'activité ne remet donc pas en cause le sujet lui-même comme le fait la méditation où l'application de l'esprit se fait au corps et à l'esprit eux-mêmes. Véritable révolution puisque seule elle peut changer fondamentalement le statut de cela qui lit, de cela qui chante, de cela qui observe, et qui était parfaitement protégé du changement par la position privilégiée du chef de droit divin dont il serait sacrilège d'examiner les motivations.

S'asseoir pour examiner le corps et l'esprit est donc une nouveauté radicale dont on comprend qu'elle fasse peur par sa nouveauté même, ce qui légitime les nombreuses dérobades dont nous parlions au début. Ce qui, bien entendu, nécessite aussi l'enseignement pratique du maître et l'assurance qu'il donne. Mais même cette condition réalisée, la difficulté demeure : les bonnes résolutions s'évanouissent et les activités ou distractions habituelles prennent insidieusement la place de la méditation.

Car tout conspire contre elle. Nous avons déjà entrevu la peur d'une nouveauté radicale et angoissante, associée à la force tyrannique des désirs et des habitudes qui veulent continuer à se satisfaire comme par le passé. Et il y a bien là un juste pressentiment qu'éprouve le système organisé de désirs, de craintes, d'habitudes, de rôles, de concepts et d'explications qui constitue notre personnalité empirique : cette méditation risque de remettre en question l'équilibre de tout le système et le système lui-même. D'où l'énergie et la subtilité des moyens de défense employés. C'est que ce système, le moi, lutte pour sa vie [3]. Et c'est une façon

[3] Les Chrétiens y verront, à juste titre, le vieil homme dont parle Saint Paul.

de parler commode, que de décrire ce moi, comme un être qui se sait menacé et va tout mettre en œuvre pour sa conservation. Les découvertes récentes de la psychanalyse ont familiarisé l'Occidental avec cette vérité, choquante pour le rationaliste optimiste du XIXe siècle, qu'existent en nous d'actives forces inconscientes qui nous manœuvrent à notre insu. Cette constatation humiliante, nous la vérifions très précisément dans notre cas.

Je désire méditer. Puis j'oublie purement et simplement cette velléité.

Je désire méditer. Mais des doutes se lèvent sur l'utilité de la méditation ou sur mon aptitude à la pratiquer. De fait, je remets à plus tard. On voit ici le rôle stérilisant du doute et tout particulièrement de ce doute fondamental sur soi-même qu'on peut traduire caricaturalement par « c'est beaucoup trop beau et trop difficile pour moi ». Il y a dans cette sous-estimation, qu'un psychiatre appellerait à juste titre masochisme, une méconnaissance radicale de ce que chaque être possède la nature de Bouddha.

Je désire méditer. Hélas, mon appartement est trop bruyant ; le soir tard ou le matin de bonne heure, ne serait-il pas meilleur pour ma santé de me reposer ? Je dors.

J'avais résolu de méditer. Mais, à l'heure dite, je me souviens soudain que je dois écrire une lettre, ce que je fais. *A posteriori*, je réalise que j'aurais bien pu l'écrire plus tard. Etc...

Et chaque lecteur, en s'observant, pourra enrichir cette liste de ses exemples vécus.

Mais même lorsque le méditant a franchi les obstacles qui, pendant des mois ou des années, l'ont tenu éloigné de la pratique de la méditation, il n'est pas au bout de ses peines. D'abord parce que, à l'occasion, il lui arrivera encore « d'oublier » sa séance et de se demander si vraiment ça sert à quelque chose. Mais encore parce que certaines des expériences faites durant la méditation elle-même tendent à l'en détourner.

La douleur physique, pour commencer. Expérience commune à tous les débutants que celle des articulations enraidies, des muscles contracturés et des zones de pression douloureuses. L'immobilité de la posture nous oblige, en effet, à percevoir cette véritée de la douleur, inhérente à la vie et que camouflent des changements de position incessants et subconscients ou, sur le plan mental, les nombreuses distractions que vous connaissez. Si vous en doutiez, observez-vous lisant ce livre et notez combien de fois vous changez de fesse pour varier les points d'appui, de façon automatique et avant même que la sensation d'engourdissement ne devienne franchement douloureuse. Le fait est que certains reculent devant les protestations de leurs ligaments et de leurs muscles.

Si l'on franchit cette épreuve et que la posture physique devienne aisée, il peut encore se faire que le silence mental, équivalent psychique de l'immobilité somatique, soit lui aussi douloureusement ressenti. Certains éprouvent un malaise, voire une véritable panique devant cette confrontation avec un vide d'où tout peut sortir. Il arrive qu'on se lève pour se distraire et retrouver l'activité rassurante des agitations journalières. Mais celui qui persévère face à face avec lui-même va voir se produire d'autres moyens plus subtils de déguisement du moi. Et c'est alors le défilé insidieux des souvenirs banaux, des images quotidiennes, des associations superficielles provoquées par un bruit, des projets de travail et de vacances, des réflexions philosophiques, etc... Derrière toute cette activité de remplissage, on peut facilement discerner les tendances diverses dont elle est issue et qu'elle satisfait : désirs, craintes, illusions, et il peut être bénéfique d'en démonter les mécanismes pour ne plus en être dupe. Toutefois, cette activité a aussi pour but de servir de paravent. Si le méditant s'y laisse prendre, il ne pourra pas pousser plus avant et questionner le moi sur la nature de son pouvoir et sa légitimité. De la même façon que, de nos jours, la surabondance des informations sert, entre autres, à empêcher l'homme de se poser les seules questions vraiment importantes. Quoi qu'il en soit, si le méditant se décourage devant le défilé distrayant et banal de ses pensées, le moi aura gagné la partie.

Mais le méditant arrivera peut-être à démonter les mécanismes de ses pensées ou bien les laissera s'évanouir comme passe un nuage au ciel. C'est alors que peuvent surgir, montant des profondeurs de l'inconscient, des expériences très diverses mais toutes chargées d'affectivité. Il s'agit d'émois puissants, le plus souvent pénibles et liés à des souvenirs désagréables : scènes violentes, circonstances humiliantes, déceptions amoureuses, situations douloureuses, tout le cortège du passé enfoui auquel on évite d'habitude de penser et qui se remanifeste avec toute sa vigueur première, témoignant, qu'à rester enfoui, il n'avait rien perdu de sa puissance. D'autres fois, sans se référer à un événement précis, surgiront des émotions liées à des expériences infantiles, désirs ou craintes primitives, imaginations fantaisistes mais vivaces qui peuvent emplir de crainte par leur force et leur caractère irrationnel. C'est alors qu'il est possible de saisir sur le vif leur rôle dans l'édification du moi. Mais pas avant qu'ait été épuisée l'énergie liée à ces représentations et qui se décharge parfois en pleurs, tremblements, rires ou réactions physiologiques diverses. La nature libératrice de l'affrontement, suivi de la décharge et de la reconnaissance du caractère illusoire de ces fantasmes, est évidente. Encore faut-il l'affronter et ne pas prendre la fuite. Ce que font parfois certains sujets, en particulier névrosés, lorsque la méditation amène une intensification de leurs angoisses ou de leurs symptômes et cela, particulièrement, quand elle les amène à s'approcher du noyau conflictuel de leur névrose, l'interruption de la pratique supprimant tout à la fois l'aggravation pénible des symptômes et la possibilité de leur guérison, c'est-à-dire sauvegardant l'organisation du moi.

Ainsi, quel que soit le stade auquel est arrivé le méditant, les obstacles qui tendent à l'écarter de la pratique de la méditation servent à l'empêcher d'affronter les angoisses de base, les expériences traumatiques passées, les désirs, les craintes et les illusions fondamentales autour desquels se sont constituées toutes les organisations passionnelles, toutes les identifications aliénantes qui font dire, par exemple : moi, je suis actif et organisé, je n'aime pas les paresseux ; vu ma profession d'ingénieur, je n'ai pas de temps à perdre à pratiquer la méditation. Ou encore, ce sont les forces constitutives du moi illusoire qui s'opposent à toute tentative de dissolution de ce moi et ceci avec une énergie proportionnelle à l'efficacité de la tentative. On peut donc poser en principe que la survenue de résistance à la méditation est l'indice qu'un point important est menacé d'être découvert. Cette constatation doit donc inciter à redoubler d'efforts dans la pratique.

Celui qui a traversé successivement ces obstacles s'est affermi dans la pratique de la méditation, ne craint plus désormais de s'en détourner ; il sait qu'il peut voir dans sa propre nature et ne se laisse plus prendre aux masques grossiers qui la recouvrent.

CHAPITRE SEPT

PRATIQUE DES *JHANAS*

Parmi tous les supports qui peuvent amener aux *Jhânas* nous n'envisagerons que l'attention au va-et-vient du souffle : *ânâpânasati.* Ceci pour de multiples raisons. D'abord, parce que le Canon nous enseigne que le Bouddha Sakyamuni l'utilisa pour atteindre le *Nirvâna.* Ensuite, parce que les maîtres des trois véhicules l'enseignent toujours. Enfin, parce qu'elle est sans dangers et que tous peuvent la pratiquer, même si, pour des motifs individuels, elle ne constitue pas nécessairement la meilleure méthode pour tel ou tel[1].

A titre de référence indispensable, nous donnerons d'abord une traduction partielle de l'*Anâpânasati Sutta,* en marquant les quatre tétrades qui divisent le texte et qui se réfèrent, respectivement, aux quatre bases de l'attention concernant :

1) le corps (*kâya*) ;

2) les sensations (*vedanâ*) ;

3) le mental (*cittâ*) ;

4) les objets mentaux *(dhamma).*

Anâpânasati Sutta

« ... Voici, Moines, un Moine étant allé dans la forêt ou au pied d'un arbre ou dans un lieu solitaire, s'assied, les jambes croisées, le corps droit, l'attention fixée devant lui ; attentif il aspire, attentif il expire.

[1] « Moines, je ne recommande pas le développement d'Anâpânasati pour celui qui est distrait et qui manque de compréhension ».

I

Aspirant de façon longue, il connaît : « j'aspire de façon longue »
Expirant de façon longue, il connaît : « j'expire de façon longue »

Aspirant de façon brève, il connaît : « j'aspire de façon brève »
Expirant de façon brève, il connaît : « j'expire de façon brève »

« Ressentant tout le corps, j'aspirerai », ainsi s'entraîne-t-il.
« Ressentant tout le corps, j'expirerai », ainsi s'entraîne-t-il.

« Tranquillisant l'activité du corps, j'aspirerai », ainsi s'entraîne-t-il.
« Tranquillisant l'activité du corps, j'expirerai », ainsi s'entraîne-t-il.

II

« Ressentant le transport joyeux[2], j'aspirerai », ainsi s'entraîne-t-il.
« Ressentant le transport joyeux, j'expirerai », ainsi s'entraîne-t-il.

« Ressentant le bonheur[3], j'aspirerai », ainsi s'entraîne-t-il.
« Ressentant le bonheur, j'expirerai », ainsi s'entraîne-t-il.

« Ressentant l'activité du mental[4], j'aspirerai », ainsi s'entraîne-t-il.
« Ressentant l'activité du mental, j'expirerai », ainsi s'entraîne-t-il

« Tranquillisant l'activité du mental, j'aspirerai », ainsi s'entraîne-t-il.
« Tranquillisant l'activité du mental, j'expirerai », ainsi s'entraîne-t-il.

III

« Ressentant le mental, j'aspirerai », ainsi s'entraîne-t-il.
« Ressentant le mental, j'expirerai », ainsi s'entraîne-t-il.

« Réjouissant le mental, j'aspirerai », ainsi s'entraîne-t-il.
« Réjouissant le mental, j'expirerai », ainsi s'entraîne-t-il.

« Rassemblant le mental, j'aspirerai », ainsi s'entraîne-t-il.
« Rassemblant le mental, j'expirerai », ainsi s'entraîne-t-il.

[2] Pîti. Voir plus loin l'explication de ce terme.
[3] Sukha, voir plus loin.
[4] Cittasankhâra. Les deux termes constitutifs citta et sankhara sont intraduisibles sans de longs commentaires. Les nôtres seront brefs. Citta, en général traduit par l'anglais mind, comporte tout à la fois ce qui est intellectuel et affectif et les rassemble, c'est-à-dire comprend ce qui relève du cœur. Qu'on pense aux expressions : simplicité de cœur, l'œil du cœur, le cœur du problème. Sankhâra inclut les sens d'être composé de parties, d'être passivement formé, mais aussi d'activité formatrice et sous ce dernier aspect peut être conscient et inconscient, comme dépasser l'individu dans son existence actuelle. On traduit suivant les cas par formations mentales, formations de kamma.

« Libérant le mental, j'aspirerai », ainsi s'entraîne-t-il.
« Libérant le mental, j'expirerai », ainsi s'entraîne-t-il

IV

« Contemplant l'impermanence, j'aspirerai », ainsi s'entraîne-t-il.
« Contemplant l'impermanence, j'expirerai », ainsi s'entraîne-t-il.

« Contemplant l'absence de passion, j'aspirerai », ainsi s'entraîne-t-il.
« Contemplant l'absence de passion, j'expirerai » ainsi s'entraîne-t-il.

« Contemplant l'extinction, j'aspirerai », ainsi s'entraîne-t-il.
« Contemplant l'extinction, j'expirerai », ainsi s'entraîne-t-il.

« Contemplant l'abandon total, j'aspirerai », ainsi s'entraîne-t-il.
« Contemplant l'abandon total, j'expirerai », ainsi s'entraîne-t-il.

C'est ainsi, Moines, que l'attention au va-et-vient du souffle étant développée, étant pratiquée fréquemment, est d'un grand fruit et mérite une grande louange. »

On constate facilement que la première tétrade se rapporte à de purs exercices de concentration, la seconde à un début de prise en compte de la vision pénétrante, qui s'accentue dans la troisième, tandis que la quatrième se réfère à une pure méditation *vipassanâ*. Les commentaires, notamment le monumental *Visuddhimagga*, précisent que cette technique peut, soit conduire au développement des *jhânas* et, après ce long détour, à un succès rapide dans la pratique de la vision pénétrante grâce à l'affinement du mental, soit à la pratique exclusive de la vision pénétrante, une fois obtenu le minimum nécessaire de concentration. Nous ne traitons en ce chapitre que du premier cas.

Le méditant qui, s'il est Bouddhiste, vient de répéter la formule du Refuge pour placer son exercice dans le cadre de la Voie, s'asseoit, encore troublé par l'agitation mondaine. Le premier exercice consistera à effectuer plusieurs respirations lentes et profondes, volontairement contrôlées et prolongées qui induiront plus de calme physique et mental.

Les comptes

Pour passer du régime de fonctionnement éparpillé et chaotique typiquement « profane » au mode maîtrisé et concentré, un artifice est nécessaire. Le plus simple consiste à compter les respirations. Les modalités en sont multiples et chacun peut choisir ce qui lui convient mais quelques principes doivent être clairement compris. Le compte fournit au mental un support familier destiné à lier progressivement l'attention à sa nouvelle tâche. L'idéal est que celle-si ne soit, ni trop restreinte donc étroitement contraignante, ni trop étendue, donc accaparant l'attention, au détriment du travail réel qui est de se fixer sur la respiration. C'est pourquoi les commentaires conseillent de compter sans interruption en se tenant entre un minimum de cinq et un maximum de dix. Donnons quelques exemples.

Au début, le méditant compte un à l'inspiration, un à l'expiration, deux à l'inspiration et deux à l'expiration suivante, jusqu'à ce qu'il arrive à dix - dix. Il reprend alors à un - un. En cas d'erreur dans la suite des nombres, il reprend à un - un. En procédant ainsi à un compte lent, il s'accoutume à percevoir distinctement les phases inspiratoire et expiratoire.

Lorsqu'il est arrivé à percevoir sans erreur ni interruption plusieurs dizaines de cycles, il peut passer aux comptes rapides. Durant l'inspiration, il compte 1. 2. 3. 4. 5. et de même durant l'expiration, puis il ajoute un à chaque cycle respiratoire pour atteindre finalement dix, après quoi il recommence à cinq et ainsi de suite. Le compte accéléré facilite la perception de chacun des instants du processus respiratoire et s'oppose corrélativement à l'irruption de pensées vagabondes, qui ne manqueront pas néanmoins de venir perturber le travail. Lorsqu'un calme mental suffisant et le développement de l'attention le permettent, il est alors nécessaire d'abandonner les comptes, pour fixer l'attention directement sur les sensations.

Avant d'en arriver à ce point, précisons, sans insister, que d'autres méthodes peuvent aider le débutant. Un moyen souvent conseillé dans l'école Tantrique est de joindre à la respiration la répétition intérieure d'un *mantra*. Il est clair que dans ce cas le *mantra* joue surtout le rôle d'un support auxiliaire de concentration, clair aussi que ce rôle n'épuise pas le champ des possibilités du *mantra*, mais ceci est une autre histoire. L'intérêt du *mantra*, dans l'optique limitée qui est ici celle de l'accès à la concentration, est de mobiliser les énergies et l'affectivité avec plus d'efficacité que le procédé plus abstrait des comptes. Inversement le caractère dépouillé du compte numérique convient mieux à ceux, il y en a, qui répugnent au « *japa* » ou répétition permanente du *mantra*. Un autre moyen, conseillé dans l'école Tantrique, consiste à visualiser la respiration comme colorée, exercice utile, mais qui n'est pas à la portée de tous, les possibilités de visualisation étant très inégalement réparties.

La porte des narines

Pour en revenir au méditant, qui a réussi à suivre attentivement sans interruption pendant, disons quelques dizaines de minutes, les comptes rapides, il va pouvoir passer au stade suivant, et restreindre son champ d'attention à la mesure de ses succès dans la concentration. Pour cela il va abandonner les sensations de mouvement thoracique et abdominal, d'air entrant et sortant, pour se limiter à percevoir à la porte des narines le contact léger et frais du courant d'air entrant, le contact plus atténué et tiède de l'air sortant. La comparaison classique utilisée par le Canon, est celle du scieur, qui ne fixe pas son attention sur l'ensemble de sa lame de scie, mais seulement sur le point où celle-ci attaque la bûche. A ce stade, le « sujet » de la méditation s'est donc fortement restreint et l'attention du méditant est, en principe, tout entière suspendue à la pointe de son nez. Situation nouvelle et quelque peu difficile pour le succès de laquelle on se trouvera souvent bien d'utiliser un moyen supplémentaire qui est la convergence oculaire.

La convergence oculaire

Elle consiste, derrière les paupières mi-closes (ou pour certains méditants complètement fermées... si cela ne facilite pas l'endormissement), à faire converger les yeux, en louchant donc, comme si l'on voulait regarder, soit le bout du nez lui-même, soit le point central situé au milieu entre les sourcils, où l'iconographie bouddhique place l'*urnâ* du Bouddha. Avec l'entraînement, il devient de plus en plus facile de conserver en permanence cette position des yeux et le méditant y trouve une indiscutable facilitation de la concentration.

Pendant toute cette période, le méditant laisse la respiration s'établir spontanément (à l'exception des quelques respirations profondes du tout début) et se contente de suivre avec attention son déroulement, le seul effort consistant à fixer le mental sur ce déroulement et à éliminer vigoureusement les distractions et pensées parasites.

Développement de la concentration

La concentration sur la porte des narines, une fois passées les étapes préliminaires, permet une fixation progressive du mental en un seul point. Lorsque cette concentration est suffisamment intense et prolongée, ce qui, suivant les sujets et l'ardeur de la pratique, peut demander de quelques jours à quelques années, apparaît le *nimitta,* où confluent les divers exercices de méditation *(Kammatthâna)* de la voie de la tranquillité. Nous avons donc tout d'abord à examiner ce qu'est le *nimitta.*

Nimitta

Littéralement *nimitta* signifie signe, marque, ou attribut et peut être ainsi utilisé dans le langage vulgaire. Son sens technique est celui de « *samatha-nimitta* », le signe de la tranquillité, et qualifie certains phénomènes typiques de la voie des *jhânas.* Dans l'*Abhidhammatha-sangaha* il est divisé en trois variétés.

Le *Parikammanimitta,* signe de l'exercice préliminaire, est un simple synonyme d'exercice de méditation, *(kammathâna)* dont nous savons qu'il existe de nombreuses techniques en dehors d'*ânâpânasati.* Par exemple, un cercle de terre glaise jaunâtre, un bol d'eau pure, la flamme d'une lampe, constituent trois des dix « *kasinas* », à partir desquels peut s'effectuer l'exercice de concentration.

L'*Uggahanimitta,* le signe acquis, est l'image mentale produite par la concentration sur le sujet de la méditation. Dans le cas du *kasina* de la terre, ce sera l'image mentale quasi-photographique du cercle de terre, présente avec toutes les caractéristiques de l'objet externe, même les yeux fermés, et susceptible d'être longtemps contemplée, fixée, évoquée, à volonté, sans plus avoir besoin désormais de l'objet préliminaire. La concentration s'effectue alors sur l'image mentale exclusivement.

L'atténuation progressive des purulences, le relâchement des liens et l'apaisement du mental, consécutifs à ce travail, engendrent une transformation du signe acquis, qui devient le *patibhâganimitta* ou signe reflet. Cette troisième sorte de *nimitta* est une sublimation de la seconde dont elle ne conserve plus les accidents. C'est ainsi que l'image du cercle de terre se dépouille des particularités concrètes qu'elle reproduisait et acquiert une pureté et une intensité incomparables, comme la lune émergeant des nuages. L'image ne semble plus perçue par les sens, ne possède ni la couleur originelle ni apparence du monde de la terre et reflète l'idée pure de l'élément terre [5]. Mutatis mutandis il se produit des phénomènes analogues dans les vingt-deux techniques qui selon le *Visuddhi Magga* conduisent à ce stade.

Dans le cas particulier d'*ânâpânasati*, le méditant progressivement apaisé et concentré au cours des phases préliminaires, s'est fixé sur le contact du souffle à la porte des narines. La respiration devient alors d'elle-même de plus en plus calme, légère et se raréfie. Il est banal à ce stade de ne plus effectuer que trois à quatre cycles respiratoires par minute. Comme, en même temps, le contact du souffle tend à devenir imperceptible, l'exercice se montre de plus en plus subtil, ce qui ne doit pas amener à interrompre la méditation, mais bien à redoubler d'attention concentrée sur le lieu du contact.

C'est à ce stade que peuvent apparaître les premières manifestations de l'*uggahanimitta*, le signe acquis. Très variables selon les sujets, il s'agit le plus souvent de sensations tactiles ou lumineuses, ces dernières étant les plus fréquentes. Dans le premier cas, ce peuvent être des sensations de souffle touchant le front ou le sommet de la tête, de contact avec une bourre de coton ou une aiguille, etc... Dans le deuxième cas, on peut voir une image telle qu'une étoile, une perle, un rubis, une fleur blanche, un nuage, une roue, le disque du soleil ou de la lune, un miroir, etc... Cette

[5] Le lecteur intéressé par l'alchimie conclura sans doute qu'il s'agit effectivement de l'Elément subtil des philosophes hermétiques.

image, relativement simple et fixe, doit être différenciée des images plus complexes et passagères qui, chez certains méditants, traversent parfois le champ de conscience et assument des formes très variables en fonction de l'histoire individuelle du sujet. Certaines personnes visualisent ainsi des scènes de leur vie passée, des projections de leurs désirs, des paysages imaginaires ou réels, des objets en rapport avec un élan dévotionnel (images de Bouddhas, etc...). Cette catégorie d'imagerie visuelle doit être traitée de la même façon que les pensées parasites, c'est-à-dire contemplée objectivement et abandonnée.

Le signe acquis, qui, nous le répétons, est morphologiquement plus simple, indépendant des facteurs psychologiques de l'existence individuelle, et d'autant plus fixe que l'esprit est plus concentré, se différencie aisément de l'imagerie mobile citée plus haut. Si nous prenons l'exemple d'un *patibhâganimitta* visuel nous constatons que l'image :

— s'impose et s'installe en dehors de tout désir personnel et de la volonté consciente ;

— est au début relativement floue et mouvante quant à sa forme et à son intensité ;

— se déplace dans le champ visuel et tend à se fixer au centre quand la concentration s'accroît ;

— n'est pas engendrée par la lumière extérieure perçue à travers les paupières, dont les variations peuvent toutefois au début la perturber ;

— dépend du niveau de concentration, gagne en précision et intensité quand celle-ci s'accroît, au contraire se déforme, s'affaiblit et disparaît, si des pensées parasites, des mouvements affectifs ou des stimulations sensorielles viennent perturber le méditant.

Celui-ci, abandonnant la concentration sur l'orifice des narines, porte désormais son attention exclusivement sur le *nimitta*, objet encore plus subtil que le précédent. Cette nouvelle phase de protection ou de développement du *nimitta* fait l'objet dans les textes de prescriptions minutieuses touchant les précautions à observer. Celles-ci concernent :

— la résidence qui doit permettre la vie contemplative et ne pas nécessiter trop de déplacements perturbateurs ;

— les occupations mondaines qui dispersent et la compagnie de ceux qui s'y complaisent ;

— la nourriture convenable ;

— les postures, étant bien entendu que l'idéal est de porter le *nimitta* avec soi en tout temps, tous lieux et toutes postures..., quitte à choisir celle qui convient individuellement le mieux pour les exercices systématiques.

Lorsque ce travail réussit, l'image acquiert des qualités de régularité formelle, de fixité spatiale et d'intensité lumineuse [6] blanche ou colorée, parfaitement incroyables pour ceux qui n'en ont pas fait l'expérience. La comparaison classique est celle d'un miroir de cristal suspendu dans le ciel, de la pleine lune dans tout son éclat, ou du soleil. Rappelons que le *nimitta* peut être tactile : sensation de souffle sortant du front ou du sommet de la tête par exemple, ce qui renvoie à la « localisation » de l'*âjñâ — chakra* et du *sahasrâra — chakra.* Certains peuvent le voir chez autrui, ce qui renvoie aux perceptions directes opérées par le corps subtil (ou *linga-sharîra* des Hindous). La concentration continue à s'effectuer sur l'image (et non plus sur la porte des narines), objectivement, en la voyant telle qu'elle est, sans chercher à l'influencer, désirer qu'elle change, regretter qu'elle ne change pas, etc... On peut, soit la contempler là où elle apparaît dans le champ de conscience, en général devant soi, ou suivant le conseil du *Yogâvacara,* la transporter dans le cœur — (on peut rapprocher cette variante technique de

[6] Les épiphanies lumineuses sont attestées dans toutes les Traditions. On peut se référer à : « Le thème de la lumière dans le Judaïsme, le Christianisme et l'Islam », Berg, 1976 et à H. CORBIN : « L'homme de lumière dans le soufisme iranien. Présence. 1971.

la pratique hésychaste) puis dans l'abdomen, au niveau du nombril, pour enfin la ramener aux narines, procédé d'ailleurs impraticable en l'absence d'un instructeur compétent (*Vén. Vajiranâna*, p. 161).

La concentration *(Samâdhi)* correspondant aux trois variétés de *nimitta* est appelée préliminaire *(Parikamma)*, d'accès *(upacâra)*, sous-entendu au premier *Jhâna* et d'atteinte *(appânâ)*, menant à celui-ci. Ce degré de concentration, qui est donc celui du premier *Jhâna*, est atteint lorsque le signe reflet — *(patibhâga-nimitta)* est pleinement développé. Il faut bien se rendre compte que tout ce processus peut être fort long et dépend de la capacité du méditant à maîtriser les cinq empêchements *(nîvarana)*. L'histoire de la période, qui s'étend des premiers débuts à l'accès au premier *Jhâna*, est en effet largement celle des succès et des échecs dans la lutte contre les empêchements, que nous allons envisager maintenant.

NIVARANA ou empêchements

Ils sont au nombre de cinq : le désir sensuel *(kâmacchanda)*, la malveillance *(vyâpâda)*, la torpeur et la langueur *(thîna-middha)*, l'agitation et le remords *(uddhacca-kukkucca)*, le doute sceptique *(vicikiccha)*.

Examinons tout d'abord le désir sensuel. Il est évident que seul est concerné le désir apparaissant durant la méditation et perturbant celle-ci. Il s'agit d'acquérir un degré raisonnable de liberté par rapport à la sensualité, de façon à pouvoir consacrer une énergie suffisante à la concentration. D'autre part, il convient d'éviter l'assimilation, fréquente en Occident, sensualité = sexualité, et réaliser qu'il s'agit du désir tel qu'il s'exprime à travers tous les sens (vue, ouïe, odorat, goût, toucher, mental) et assujettit le méditant, à chaque seconde, sous la forme de l'attente d'une expérience sensuelle, quelconque. Par exemple, la perception de l'odeur de l'encens peut engendrer le désir de continuer à la percevoir, ce qui détourne de la concentration sur la respiration. A plus forte raison, si l'imagination du méditant est peuplée de coïts ou de repas plantureux, auquel cas il serait utile qu'il améliore sérieusement son hygiène de vie. Pour simplifier, nous supposons que le pratiquant est suffisamment normal et qu'il ne vient pas chercher dans la méditation une thérapeutique psychiatrique.

La malveillance, et bien entendu son extrême, la haine, mais aussi son degré atténué, la répulsion, empêchent la concentration. Cela est évident si le rappel d'une colère récente obsède le méditant. Mais, d'une façon plus subtile, l'hostilité à une personne ou à une idée, peuvent nourrir des réflexions, réfutations, critiques, dont le jeu conceptuel et affectif se substitue à la pure et simple attention au va-et-vient du souffle.

La torpeur et la langueur (en Japonais : *konchin*) sont des obstacles bien souvent rencontrés et recouvrent tous les degrés de baisse de la vigilance qui peuvent, au maximum, aboutir au sommeil. On voit les pouces s'infléchir vers le bas, le menton se porter en avant, le dos se courber, cependant que parfois sans s'en apercevoir, le méditant glisse doucement dans la brume. Dans un temple *Zen*, c'est alors qu'un vigoureux coup de *kyôsaku* porté sur la face postérieure du muscle trapèze (dans la zone de confluence de trois méridiens d'acupuncture) va réveiller le sujet, cependant que le bruit sec du coup induira le voisin à donner le meilleur de lui-même. Ce moyen efficace est toutefois contre-indiqué lorsque les pratiquants suivent la voie de la tranquillité *(samatha)* à l'intérieur d'*ânâpânasati*, certains en effet sont gênés par les bruits brusques, qui peuvent même exercer des effets traumatiques. Ceux-ci ne perturbent guère par contre les techniques de la vision pénétrante (*vipassanâ*) dont le *Zazen* fait partie. Faute de *kyôsaku*, on peut mobiliser l'énergie intérieure avec effort, changer de sujet de concentration temporairement, en prenant par exemple, comme point de fixation, le creux de la paume ou l'espace entre les sourcils, éventuellement se lever et continuer la méditation en marchant ou pratiquer l'accumulation de l'énergie.

L'agitation (en Japonais *sanran*) et le remords se réfèrent à deux catégories d'expériences fréquentes. La première est celle de l'esprit laissé à lui-même qui vagabonde sans arrêt d'un sujet à l'autre, comme un singe saute de branche en branche. Ce mode de fonctionnement habituel du mental est justement cela qui doit être supprimé, ce qui nécessite, on s'en doute, des efforts patients et répétés. Le remords à propos des erreurs passées est une dimension particulièrement importante de l'agitation mentale stérile. Il est nécessaire de supprimer progressivement les sentiments de culpabilité qui se traduisent par la répétition involontaire des souvenirs pénibles, sentiments d'auto-dépréciation, jugements péjoratifs, empêchant ainsi l'évolution vers la libération, ce qui est bien entendu dans le droit fil de leur origine masochiste, comme dirait un psychanalyste. A l'égard des erreurs et des fautes passées, il faut se rappeler que l'idéal bouddhique est la contemplation objective de leurs causes et conditions, afin de savoir comment éviter leur répétition dans l'avenir. Toute autre attitude est due à un attachement au moi, dont le remords constitue une variété auto-agressive. L'attitude droite consiste à se détacher des fautes passées, tout en en tenant compte empiriquement pour une juste prévision de l'avenir.

Le doute sceptique qui paralyse l'effort, engendre l'incertitude et le laisser-aller, empêche l'investigation zélée des racines des empêchements (à commencer par les racines du doute sceptique lui-même), est un ennemi redoutable. On peut le combattre par la foi [7] *(saddha)* qui sera cultivée par la fréquentation d'amis zélés et l'étude des textes bouddhiques. Il faut bien savoir que, dans le Bouddhisme, la foi est dite *ñâna-sampayutta,* c'est-à-dire associée à la sagesse. En aucun cas, dans le Bouddhisme, la foi n'est aveugle. Précisons, en effet, que si le doute sceptique générateur de la passivité doit être rejeté, le doute méthodique, qui conduit à une investigation ardente et à la vérification expérimentale, est authentiquement bouddhique et encouragé par le Bouddha lui-même (*Sutta aux Kalamas*).

Une atténuation suffisante des cinq empêchements, pour qu'ils cessent de se manifester lors de la méditation, est la condition nécessaire de l'accès aux *Jhânas* dont, corrélativement, la pratique affaiblit l'intensité des empêchements qui subsistent. Toutefois l'extinction définitive n'est effectuée que par l'exercice de la vision profonde. Cette extinction n'est obtenue que lors de l'atteinte des états supra-mondains de *sotâpanna, sakadâgâmi, anâgâmî* et *arhat.*

[7] Foi, doit être ici dépouillé de ses résonnances chrétiennes.

Asava

Il en va de même des quatre *âsavas* qui, à un niveau plus profond, agissent sans cesse comme empêchement au *nirvâna*. Nous en dirons quelques mots. *Asava* désigne littéralement l'écoulement d'une plaie ou un liquide toxique tiré d'un végétal, aussi l'avons-nous traduit par purulence. Ces suppurations qui infectent l'organisme sont au nombre de quatre : la purulence du désir sensuel *(kâma)* qui recouvre le premier empêchement, celle de l'existence *(bhava)*, du souvenir, du vouloir-vivre, celle des opinions *(ditthi)* et constructions spéculatives qui s'interposent sans cesse entre la réalité et l'œil de la sagesse, celle de l'ignorance *(avijjâ)*, ignorance des quatre vérités Aryennes, en quoi s'enracinent la totalité des maux.

De ces quatre purulences n'est définitivement débarrassé que cela qui atteint l'état d'*Arhat* ou qui, étant entré dans le quatrième *Jhâna*, consacre son esprit à la destruction des *âsavas*.

Jhana

Nous n'en sommes pas là et revenons au stade d'accès au premier *Jhâna*. Et d'abord, qu'est-ce que les *Jhânas* ? Le terme a été souvent traduit par extase qui souligne la sortie des conditions habituelles de l'être (ex-stare), mais le mot se trouve affecté d'un sens péjoratif de divagation mystique. Mircea Eliade a proposé enstase qui a l'avantage de mettre l'accent sur la rentrée en soi et le retour à une condition normale de l'être par rapport aux vagabondages superficiels. On trouve aussi absorption qui est relativement satisfaisant, mais la traduction par transe, qui évoque les états hypnotiques et médiumniques, ne peut avoir été proposée que par un ignorant. Nous avons préféré conserver le terme pâli.

Les *Jhânas* sont au nombre de huit, ou de neuf dans l'*Abhidhamma*, qui décrit une forme intermédiaire entre le premier et le deuxième. Nous décrirons la série à huit éléments. Les quatre premiers *jhânas* appartiennent au monde de la forme subtile *(rûpa-loka)*, deuxième dans la série hiérarchique des trois mondes, puisque le méditant a dépassé le monde du désir sensuel *(kâma-loka)*. Les quatre derniers *Jhânas* relèvent du monde informel *(arûpa-loka)*.

Lorsque les cinq empêchements *(nîvarana)* sont temporairement suspendus, que le mental est concentré sur le signe reflet *(patibhâganimitta)* au niveau de la concentration d'accès *(upacâra-samadhi)*, les cinq facteurs du premier *Jhâna* se mettent progressivement en place.

Facteurs du premier Jhâna

Ils se nomment : *vitakka, vicâra, pîti, sukha* et *samâdhi*.

Vitakka et *vicâra* sont liés et désignent tous deux le déroulement de la pensée conceptuelle et discursive, le premier terme y spécifiant l'application initiale attentive et fixe du mental à son objet, le deuxième terme désignant l'application soutenue, donc mobile, de l'investigation. La comparaison classique est celle de la prise en main d'un pot, suivie de son nettoyage, ou du coup frappé sur la cloche et du son qui se prolonge. Si l'activité sensorielle est suspendue, la pensée dialectique subsiste, remarquablement pure, efficace et lucide, aux antipodes du sommeil, de la transe hypnotique ou de la dissociation mentale hystérique.

Pîti pourrait être traduit par transport joyeux, ou enthousiasme au sens étymologique d'être animé par un Dieu. Ce facteur, qui appartient au groupe des formations mentales *(sankhâra-kkhandha)*, peut se manifester en des formes d'intensité croissante dont cinq niveaux sont décrits dans les textes. Des manifestations corporelles font partie de *pîti*.

Les premières consistent en le hérissement des poils, ensuite peuvent survenir des frissons, des ondes qui parcourent la colonne vertébrale dans le sens ascendant, ce qui n'est pas sans rappeler les théories tantriques de l'ascension de la *kundalini* à travers l'étagement des chakras. Au troisième stade, des vagues parcourent le corps entier. Au quatrième, la lévitation peut survenir (*Visuddhi-magga*, IV, 94, 95, 96, 97), phénomène attesté chez les saints et ascètes de toutes les Traditions. Au cinquième, le corps et l'esprit sont intensément et complètement baignés par le ravissement.

Sukha, traduit par bonheur, appartient dans la scolastique au groupe de la sensation *(vedanâ)* et se différencie de l'enthousiasme en ce qu'il peut exister sans lui. Alors que l'enthousiasme tend à une réalisation heureuse, le bonheur est la réalisation elle-même. Le *Visuddhi Magga* utilise la comparaison du voyageur assoiffé dans le désert, qui sera transporté en entendant parler d'un puits, mais heureux seulement quand il aura bu. Ce bonheur est indispensable à la concentration, comme l'indique la formule canonique : « L'esprit de celui qui est heureux devient concentré » (*Digh. Nik.*, 33).

Samâdhi, la concentration, signifie étymologiquement rassembler, mettre ensemble, composer, et indique donc une activité centripète, opposée à la dispersion centrifuge de l'homme moderne. Ce facteur, essentiel dans le premier *Jhâna*, prend le nom de concentration d'atteinte (*appanâ-samâdhi)*. Il y acquiert cette qualité d'unification de l'esprit en un seul point (*cittasa ekaggatâ*) qui, appliquée au sortir de la voie de la tranquillité, « dissipe toutes les brumes des passions et les remplace par la clarté de la vision profonde » (Vénérable *Vajiranâna*). Il s'agit d'un état actif et conscient, nullement d'une absorption passive et inconsciente. L'esprit et l'objet de la concentration sont alors identifiés cependant que, coupé des données sensorielles ordinaires, le méditant vit pour la première fois une inexprimable expérience de bonheur et de lucidité.

Premier Jhâna

La réunion de ces cinq facteurs constitue le premier *Jhâna*. Le Bouddha enfant le connut sous un arbre et c'est ce souvenir qui, plus tard, le détourna de la voie des austérités inutiles et le conduisit, par la série complète des huit *Jhânas*, à la pratique de la vision pénétrante, au *Nirvâna*. Citons maintenant les paroles du Bouddha (*Digh. Nik.*, 2) ... « Quand il considère ces cinq empêchements dont il s'est libéré en lui-même, la joie naît en lui, de la joie naît le transport joyeux, par ce transport joyeux le corps se calme ; le corps calmé, il expérimente le bonheur ; par ce bonheur l'esprit se concentre. Alors se dissociant des désirs sensuels et des choses mauvaises, il entre et demeure dans le premier *Jhâna* qui comporte l'application initiale et soutenue de la pensée, le transport joyeux et le bonheur nés du détachement. Et ce corps il l'imbibe, sature, emplit et pénètre de transport joyeux et de bonheur, de façon qu'il n'y ait pas une seule partie de ce corps qui ne soit pénétrée de transport joyeux et de bonheur nés du détachement ».

Une fois obtenu le premier *Jhâna,* le méditant continue à se concentrer sur le *nimitta,* négligeant sa forme et sa couleur, comme représentant l'élément air. La poursuite de l'exercice lui permet progressivement d'entrer dans le premier *Jhâna,* d'y demeurer et d'en sortir à volonté. Le méditant peut conserver la posture très longtemps sans fatigue ni malaise. Les activités physiologiques sont apaisées, notamment la respiration, les stimuli ne sont plus perçus, à l'exception des sons qui peuvent eux perturber le méditant et le tirer du *Jhâna.* Un son violent peut alors exercer une influence traumatique et il convient de se prémunir contre cette possibilité.

Deuxième Jhâna

Ceci obtenu, et suivant un processus qui se répètera tout au long, le méditant examine ce résultat et discerne ses imperfections. Il réalise que les opérations de la pensée dialectique sont encore relativement soumises aux empêchements et constituent un facteur de trouble par le simple fait de leurs fluctuations. Il voit que de leur suppression résulterait un plus grand calme. Alors il abandonne simultanément *vitakka* et *vicâra* et entre dans le second *Jhâna* qui, né de la concentration, ne comporte que transport joyeux et bonheur. C'est dans le second *Jhâna* que s'affirme la concentration, en l'absence des facteurs de troubles, bien établie, inébranlable. Et le même processus de maîtrise que lors du premier *Jhâna* se répète, après quoi le méditant va se détacher de ce qui dans le second *Jhâna* lui apparaît comme imparfait.

Troisième Jhâna

Il perçoit alors le transport joyeux comme une faiblesse et une cause de trouble émotif de l'esprit. C'est pourquoi ... « se détournant du transport joyeux, le moine vit équanime, lucidement conscient et dans son corps expérimente le bonheur duquel les *Ariyas* disent : celui qui est équanime et attentif vit heureux ; il entre et demeure dans le troisième *Jhâna* et, ce corps, il l'imbibe, sature, emplit et pénètre de bonheur sans transport joyeux, de façon qu'il n'y ait pas une seule partie de ce corps qui ne soit pénétrée de bonheur sans transport joyeux » (*Digh. Nik.*, 2). Ce *Jhâna*, libre de toute perturbation, est l'état de bonheur suprême mais, lucide et concentré, le méditant demeure imperturbable et ne désire pas ce bonheur. Puis, ayant maîtrisé ce troisième *Jhâna*, le méditant considère la nature relativement grossière et instable de ce bonheur, et va donc s'en détourner.

Quatrième Jhâna

Il continue la concentration sur le *nimitta* et ... « abandonnant le bonheur et abandonnant la souffrance, par la disparition des joies et peines passées, l'absence de souffrance et de bonheur, l'équanimité et l'attention totalement pures, le moine entre et demeure dans le quatrième Jhâna. Il est assis là et imprègne son corps d'une pensée entièrement nettoyée et purifiée si bien qu'il n'est aucune partie de son corps qui ne soit imprégnée de cette pensée entièrement nettoyée et purifiée » (*Digh. Nik.*, 2). Ce *Jhâna* est donc composé d'un état de neutralité en ce qui concerne le corps comme l'esprit, un état de pure attention née de l'équanimité.

En cet état le méditant ne ressent plus la douleur [8] physique ni mentale, non plus que le bonheur. Il a neutralisé les constituants de l'individualité, s'est libéré du désir et de la répulsion, qui sont enracinés dans la discrimination entre l'agréable et le désagréable. Toutes les activités inférieures de l'esprit sont arrêtées, ainsi que la respiration elle-même, devenue imperceptible. Il ne s'agit nullement d'un état de torpeur cataleptique mais de concentration intense et stable. C'est au moment où les constituants de l'individualité sont surpassés que, tout à la fois, le méditant peut

[8] Les exemples sont nombreux dans la littérature bouddhique, à commencer par le Bouddha lui-même. Il est aussi des exemples contemporains.

dominer intégralement les normes habituelles du fonctionnement mental et corporel, ou bien pénétrer dans des modes de pensée, de savoir et de pouvoir supra-individuels. C'est en effet à partir du quatrième *Jhâna* que peut éventuellement s'opérer l'acquisition des pouvoirs spirituels supérieurs *(abhinnâ)*. La formule stéréotypée des *suttas*, qui décrit l'état spirituel du méditant à ce stade, s'énonce ainsi : « Quand l'esprit fut ainsi fixé, purifié, nettoyé, sans tache, exempt de souillures, souple, maniable, stable et impassible, je lui donnai une impulsion vers... ». C'est avec cet esprit là que peuvent être obtenus les six pouvoirs spirituels supérieurs, dont nous donnons une liste.

Abhinnâ

1) Les pouvoirs supra-normaux *(iddhi-vidhâ) :* étant un devenir multiples, étant devenu multiple, redevenir un, passer au travers des montagnes comme à travers l'air, marcher sur l'eau, plonger dans la terre comme dans l'eau, les jambes croisées planer dans l'air, de sa main toucher le soleil et la lune, conserver la maîtrise de son corps jusqu'au monde de *Brahma.*

2) L'ouïe divine *(dibba-sota) :* entendre les sons humains et divins, proches ou lointains.

3) La Connaissance de l'esprit des autres *(ceto-pariya nâna).*

4) La vue divine *(dibba-cakkhu) :* voir les êtres disparaître d'un état d'existence et réapparaître dans un autre.

5) La mémoire des existences antérieures *(pubbe-nivâsanussati).*

6) La destruction des purulences *(âsavakkhaya)* qui par la sagesse mène à la délivrance, au *Nirvâna.* Alors que les cinq premiers sont obtenus par la perfection de la concentration et sont appelés mondains (*lokiya*), le sixième fait appel, pour sa réalisation, à la vision pénétrante (*vipassanâ*), est dit supramondain (*lokuttara*) et seul propre au Bouddhisme, n'est pas autre chose que l'atteinte de l'état d'*Arhat*, l'accès au *Nirvâna.*

On trouvera, dans les chapitres XII et XIII *du Visuddhi Magga,* des détails sur les techniques d'acquisition systématique des pouvoirs. Mais il nous faut insister sur la façon dont le Bouddhisme les envisage.

D'abord comme des phénomènes naturels bien qu'extraordinaires, créés par la concentration mentale qui permet de maîtriser les formes subtiles appartenant au monde (*lokiya*), avec la même nuance péjorative que le Christianisme accole aux choses de ce monde, et d'ailleurs accessibles aux ascètes de toutes Traditions. Ensuite comme des facteurs éventuels d'attachement, de volonté de puissance, pour celui qui n'est pas encore libéré des purulences. C'est pourquoi la quête des pouvoirs est déconseillée par le Bouddha, qui en interdit de plus aux moines l'exhibition devant les laïcs. On peut tenir pour assuré que la recherche des pouvoirs est incompatible avec la libération, ce qui est illustré par l'histoire de Milarepa. La motivation de cette remarque étant le grand appétit de phénomènes merveilleux manifesté par les Occidentaux qui se tournent vers l'Orient. Tout ce qui est phénoménal est sans intérêt. Ce qui est merveilleux n'intéresse que les enfants.

On peut toutefois distinguer les pouvoirs supranormaux *(iddhi)* qui impliquent la maîtrise matérielle, des quatre pouvoirs suivants qui n'intéressent que le domaine psychique, cependant que la vue divine et la mémoire des existences antérieures impliquent un certain degré de sagesse pénétrant au-delà des limites ordinaires de l'individualité et amenant à la vision de l'absence d'égo *(anattâ).* Ces deux exercices font d'ailleurs partie des réalisations d'un Bouddha dans la nuit de son illumination. En réalité, le seul pouvoir qui importe est le sixième, celui qui détruit les purulences. A partir de cette base stable qu'est le quatrième *Jhâna,* l'outil spirituel aiguisé du méditant n'a plus guère d'efforts à faire, en empruntant désormais la voie des techniques de la vision profonde, pour trancher définitivement les racines de l'existence phénoménale ... « il reconnaît, en réalité, ceci est la souffrance, il reconnaît, en réalité, ceci est l'origine de la souffrance, il reconnaît, en réalité, ceci est la voie qui mène à la cessation de la souffrance... » (*Digh. Nik.,* 2). C'est alors que le libéré peut dire qu'il sait ... « voici la libération, la naissance est détruite, la vie noble est vécue, ce qui doit être fait est fait, ce monde n'est plus à jamais » (*Digh. Nik.*, 2).

Toutefois il demeure possible de continuer la voie de la tranquillité sans obliquer vers celle de la sagesse et le méditant entre alors dans la série des *Jhânas* du monde informel *(arûpa-loka)*, au nombre de quatre. Nous les décrirons plus brièvement car ils sont, de par leur nature, bien difficiles à rendre avec des mots.

Premier Arûpa-Jhâna

Sortant du quatrième *Jhâna* du monde formel où il a maîtrisé la forme corporelle et les forces vitales, le méditant contemple le signe reflet *(patibhaganimitta)* qui lui a servi de support et pénètre son caractère relativement grossier et limité. Il étend alors ce *nimitta* progressivement à la totalité de l'espace *(âkâsa)*, puis l'abandonne et tourne son attention vers l'espace lui-même, perçu comme « espace illimité ». Apparaît alors le signe de l'espace, dont la nature informelle sert de support à la méditation, qui amène au premier Jhâna informel *(arûpa-jhâna)*, le Jhâna de la sphère de l'espace illimité *(âkâsânancayatana)*. « En passant entièrement au-delà des perceptions de la forme subtile et par la disparition des perceptions de résistance [9] *(patigha-sannâ)* et la non attention aux perceptions de diversité, conscient de l'espace illimité, il entre dans la sphère de l'espace illimité et y demeure » (*Vis. Mag.* X., 12).

A propos de l'espace, et pour prévenir des confusions, il n'est pas inutile de signaler au passage que l'*âkâsa* Bouddhique n'est pas superposable à l'*âkâsa* de l'Hindouisme. Dans le *Theravâda*, qui ne prend pas en considération le rapport génétique de l'Absolu avec sa manifestation, l'espace n'est pas une réalité ultime *(paramattha)*, n'exerce pas à l'égard des objets un rôle principiel, est une simple potentialité d'occupation, il est un vide *(suñña)* et n'a rien à voir avec les grands éléments *(mahâbhûta)* que sont la terre, l'eau, l'air et le feu. Alors que dans l'Hindouisme, l'*âkâsa* est aussi l'éther, le cinquième élément, la quinte essence, racine des quatre éléments comme dans la cosmologie

[8] « Résistance » désigne les cinq sens, leurs objets, et les désirs les concernant (Vis. Mag. X, 16).

hermétique. Toutefois, sur ce point, la position du Bouddhisme tantrique se rapproche de celle de l'Hindouisme.

Deuxième Arûpa-Jhâna

Lorsque le méditant a maîtrisé ce premier *Jhâna* du monde informel, il en pénètre le caractère imparfait et, connaissant que c'est la conscience qui perçoit l'espace, il abandonne celui-ci et porte son attention sur la conscience illimitée. Il entre alors et demeure dans la sphère de la conscience illimitée *(vinnânân-câyatana).*

Troisième Arûpa-Jhâna

Lorsque le méditant a maîtrisé le deuxième *Jhâna* du monde informel, il en pénètre le caractère imparfait et connaissant que cette conscience est non existante, vide, il voit le rien, entre et demeure dans la sphère du rien n'est *(akincannâyatana)* où ne persiste même pas la notion de cette dissolution de la conscience (*Vis. Mag.* X., 39).

Quatrième Arûpa-Jhâna

Toutefois ce troisième *Jhâna* possède encore une trace subtile de félicité, dont le méditant pénètre le caractère imparfait, à la fois parce qu'il y a là l'équivalent sublimé d'une perception, et parce que cela constitue un facteur d'attachement, la forme la plus ténue des purulences. Passant au-delà de cet attachement, il entre et demeure dans la sphère du ni perception ni non-perception *(nevasanna-n'âsannayatana).* Cet état de maîtrise quasi-parfaite, peut-être pris à tort pour le but ultime, erreur qu'enseignait un des instructeurs du Bouddha. Un résidu, le plus subtil qui soit, d'attachement et d'erreur peut y confiner le méditant, et causer ainsi la redescente de la série des *Jhânas* et la chute dans les états ordinaires de l'existence, sous l'influence de la force subsistante des purulences *(asavas).*

D'une façon générale, les quatre *Jhânas* informels partagent avec le quatrième *Jhâna* de la forme subtile certaines caractéristiques : la présence de la concentration et de l'équanimité, la lucidité, l'absence de perceptions sensorielles, l'arrêt cardiaque et respiratoire.

Qu'il s'agisse des *Jhânas* de la forme subtile, ou des *Jhânas* informels appelés demeures paisibles *(santa-vihâra)*, les *Jhânas* sont des étapes délicieuses sur la route difficile du *Nirvana*. Le réconfort qu'ils procurent est une aide puissante, et peut être aussi un piège pour celui qui s'y attache ou s'y enferme. Nous devons préciser que le premier *Jhâna* de la forme subtile n'est pas hors de portée du Français moyen résolu, même menant une existence laïque, pourvu toutefois qu'il se détourne de l'attachement à ce monde. Nous entendons par là une attitude intérieure « aryenne », de noblesse, de rectitude et de détachement, et non pas une simple absence d'activité dans le monde. On peut être actif et détaché, et même d'autant plus efficace que plus détaché, d'autant plus réellement actif que moins agité.

On ne saurait donc trop conseiller au méditant la pratique des *Jhânas*, même si, comme les textes (*Maj. Nik.*, 8) le rappellent, le séjour dans ces demeures heureuses et paisibles ne déracine pas les germes qui attendent de bourgeonner à nouveau. En fait, l'acquisition et la maîtrise des *Jhânas*, préparent le terrain à l'action ultérieure de la vision pénétrante. La répétition et la prolongation des exercices assurent un drainage progressif des purulences, dont l'assèchement, non consciemment recherché, mais automatiquement réalisé, se constate à travers l'atténuation des désirs sensuels, l'affaiblissement du vouloir-vivre égoïste, avec l'apparition corrélative de l'ouverture à autrui et de l'acceptation de la mort, à travers enfin le recul spontané de l'ignorance et de la culture effrénée des opinions et des spéculations qui obnubilent l'homme ordinaire. A un niveau plus superficiel et banalement psychologique, on voit se modifier heureusement un caractère, ou disparaître certains comportements névrotiques, sans que leurs origines inconscientes aient été élucidées, par une action en profondeur sur les énergies inconscientes qui animaient le conflit névrotique. Nous reviendrons sur ce problème.

CHAPITRE HUIT

PRATIQUE DE LA VISION PENETRANTE

(Vipassanâ)

I. — GÉNÉRALITÉS THÉORIQUES

Rappelant les deux voies de libération que constituent la tranquillité et la sagesse, nous préciserons que les textes conseillent la première à ceux de disposition passionnée ou dont la foi est la qualité dominante et la deuxième aux sceptiques ou à ceux en qui prédomine l'intellect.

Toutefois la vision pénétrante constitue le moyen nécessaire, qu'il ait été cultivé seul ou après un détour plus ou moins long par la voie de la tranquillité, étant entendu que même sans atteindre ni cultiver les *Jhânas*, un degré minimum de concentration (celui d'atteinte du premier Jhâna, *upacâra-samâdhi*) permet seul la pratique fructueuse de la vision pénétrante. Enfin, il faut aussi souligner, et cela est particulièrement nécessaire pour des Occidentaux enclins à l'oublier, que la pratique des disciplines morales *(sîla)*, parallèlement au développement de la sagesse *(paññâ)* et de la concentration *(samâdhi)*, est une condition impérative.

On peut donc dire que dans le Bouddhisme, la voie de la tranquillité *(samatha-yâna)* n'est pas indispensable, ou fonctionne comme une discipline préparatoire, alors que la voie de la vision pénétrante *(vipassanâ-yâna)* est essentielle et conduit seule directement au *Nirvâna*. Dans le *Visuddhimagga*, le développement de la sagesse (*pannâ-bhâvanâ)*, constitue la dernière étape de l'entraînement du disciple. Nous ne reviendrons pas sur ce que nous avons déjà dit et passerons directement aux principes puis aux techniques.

Il existe un minimum de formulations théoriques, qui résument la vision du monde propre au Bouddhisme, et en dehors desquelles, il n'y aurait plus, justement, de Bouddhisme. Pour ce qui concerne la pratique de la voie de la vision pénétrante, on peut les concentrer dans l'énonciation des trois caractéristiques *(ti-lakkhana)* de l'existence, qui demandent quelques commentaires pour être comprises.

Ces trois caractéristiques définissent les propriétés essentielles de toute existence dans les trois mondes (matériel grossier ou du désir sensuel, de la forme subtile, informel) en quoi se répartissent les degrés de l'existence universelle. Qu'elle soit infernale, terrestre ou divine, l'existence est impermanence *(anicca)*, souffrance *(dukkha)*, impersonnalité *(anattâ)*.

« Donc, quoi qu'il existe, forme corporelle *(rûpa)* ou sensation *(vedanâ)*, perception *(sannâ)*, formations mentales *(sankhâra)*, ou conscience *(vinnâna)* que ce soit la sienne ou celle d'autrui, que ce soit grossier ou subtil, élevé ou bas, loin ou près, l'on doit comprendre suivant la réalité et le vrai savoir : ceci ne m'appartient pas, je ne suis pas ceci, ceci n'est pas mon ego » (*Sam. Nik.*, 21).

L'interdépendance des trois caractéristiques permet une suite logique d'affirmations et d'équivalences. Tout est impermanent. Ce qui est impermanent est douloureux. Ce qui est impermanent et douloureux est dénué de Soi. Ce qui est dénué de Soi, cela ne m'appartient pas, etc... Mais ces intuitions essentielles ne convainquent pas la généralité des hommes. Aux oreilles des fils du monde, elles sonnent comme un défi ou un scandale. Seuls ceux qui sont déjà, sans le savoir parfois, des êtres nobles *(arya)* les entendent comme la promesse de la délivrance des illusions. A ceux-là convient la voie du Bouddhisme.

ANICCA

Ce terme habituellement traduit par impermanence, s'applique aux cinq agrégats *(khandhâ)* de l'existence phénoménale, dont il qualifie les caractéristiques d'apparition *(uppâda)*, de disparition *(vaya)* et de changement *(annathatta)*. Celles-ci peuvent être très rapides ou extrêmement longues, mais inéluctables, car toute chose conditionnée et composée, qui a un début, doit aussi avoir une fin. En ce sens un organisme quelconque, être humain par exemple, est considéré comme un composé *(sankhata)*. Il peut recevoir une dénomination conventionnelle : être *(satta)*, personne *(puggala)*, être vivant *(jiva)*, Pierre ou Paul. Cette dénomination conventionnelle, utilisée pour des besoins empiriques, ne doit pas cacher le fait qu'il s'agit en réalité d'un processus extraordinairement complexe de causalités enchevêtrées qui naissent, changent, et meurent, à chaque instant, en attendant la disparition complète de l'individualité empirique. Il en va de même pour n'importe quel être ou objet.

DUKKHA

La traduction courante par souffrance, outre qu'elle a donné lieu à maintes divagations occidentales sur le prétendu pessimisme du Bouddhisme, ne rend pas compte de la richesse de sens d'un terme qui, à strictement parler, est intraduisible. *Dukkha*, nous l'avons déjà dit, peut qualifier la totalité des degrés de l'existence dont certains, évidemment, ne peuvent être traités de douloureux que de façon analogique et symbolique. Aussi convient-il de préciser que ce mot s'applique à trois niveaux de réalité (*Vis. Mag.* ch., XVI, 34).

1) La souffrance intrinsèque, ou littéralement la douleur douloureuse *(dukkha-dukkha)*. Il s'agit, au sens courant, de la douleur physique et morale, de la souffrance, de la misère, du chagrin, de la peine, etc... Ces états universellement connus ne nécessitent pas de commentaire.

2) La souffrance causée par le changement *(viparinâma-dukkha)*. Il s'agit de cet aspect plus subtil de l'existence conditionnée qui tient au caractère impermanent des états heureux quels qu'ils soient, sensuels ou psychiques, et même des états sublimes que sont les *Jhânas*. Percevoir profondément que tout bonheur est transitoire, donc inca-

pable de satisfaire l'être noble, c'est connaître *viparinâma-dukkha* selon la réalité.

3) La souffrance due au caractère conditionné ou confectionné *(sankhâra-dukkha)*. Pour celui qui aspire à un absolu au-delà de la condition humaine, la perception même dans les domaines subtils ou informels, d'un résidu d'état conditionné, d'existence dépendante de causes, est encore *dukkha*.

A plus forte raison, l'individu empirique constitué des cinq agrégats d'attachement (*upâdânakkhandhâ*). « En résumé, dit le Bouddha, les cinq agrégats d'attachement sont *dukkha* » (*Sam Nik.*, 5). Et inversement. « O *bhikkhus*, qu'est-ce que *dukkha* ? Il faut dire que c'est les cinq agrégats de l'attachement » (*Sam. Nik.*, 3).

Voyons rapidement sous quelles catégories le Bouddhisme analyse l'homme, composé des cinq agrégats.

Rûpa-kkhandha

La forme grossière, ou corporelle, ou matérielle, ne se laisse aucunement réduire au concept occidental de matière mais recouvre ce dernier qu'elle déborde. Condamné à être inexact ou incomplet, nous dirons, approximativement, que *rûpa* recouvre les quatre grands éléments des corps matériels dont la conception nous renvoie plutôt à l'alchimie occidentale qu'à la physique moderne, les sens matériels et leurs objets, la sexualité, la vitalité, l'espace, certaines caractéristiques causales et l'impermanence.

Vedanâ-kkhandha

Il concerne les sensations corporelles et mentales, agréables, douloureuses ou indifférentes.

Saññâ-kkhandha

Ce sont les perceptions des cinq sens, auxquelles le Bouddhisme ajoute un sixième sens, qui est le mental.

Sankhâra-kkhandha

Ce groupe de formations mentales comprend les activités psychiques où la volition *(cetanâ)* intervient, ce qui n'est pas le cas des sensations et des perceptions. Lorsque le mental est intéressé, affecté, concerné, identifié à une activité psychique, il se produit un acte formateur de conséquences karmiques [1], favorables ou défavorables. « C'est la volition, ô *Bhikkhus*, que j'appelle *kamma* » (*Ang. Nik.*, 6, 63). C'est l'acte mental, accompagné ou non d'activité verbale ou corporelle qui est le « *karma* », lequel porte ses fruits immédiatement ou dans d'autres formes d'existence.

Viññâna-kkhandha

L'agrégat de la conscience comprend les six sortes de conscience en relation avec les six sens et pouvant revêtir de très nombreuses variétés du point de vue karmique.

De ces cinq agrégats, en changement perpétuel, on peut dire que tout ce qui est impermanent est *dukkha*.

ANATTA

Nous en arrivons à la troisième caractéristique, celle de l'impersonnalité de toute existence, littéralement de l'absence de Soi (âtman en sanskrit, attâ en pâli). Cette négation particulière au Bouddhisme, qui la maintient jusqu'au bout avec une rigueur chirurgicale, est en effet propre à cette voie traditionnelle dont elle constitue en quelque sorte la signature. Elle est en Occident fort mal comprise et les commentaires tendancieux, voire les fautes de traduction, abondent dans la littérature [2].

En décrivant la personnalité comme composée de phénomènes interdépendants en changement perpétuel, le Bouddha affirme que dans les degrés de l'existence universelle, à quelque niveau grossier, subtil ou informel, que se situe l'être, les mêmes caractéristiques se retrouvent. Derrière ces phénomènes, il n'y a pas à chercher un « attâ » permanent, stable, qui puisse valablement déclarer : je suis

[1] Nous utilisons l'adjectif karmique, dérivé du sanskrit karma, ce mot ayant acquis droit de cité en français. La forme pâlie est Kamma.

[2] Cf. Râhula. L'enseignement du Bouddha, chap. 6.

ceci. Déraciner cette identification qui est la source de tous les attachements grossiers ou spirituels, la source de tous les maux humains, telle est la tâche du Grand Médecin. Il y a, bien entendu, harmonie entre la formulation coupante de la doctrine : « *sabbe dhammâ anattâ* », « Tous les *dhammas* sont sans soi », impersonnels, et la méthode centrale de réalisation du *Nirvâna* qui est la désidentification progressive, le détachement progressif, la contemplation de l'abandon (*patinissagânupassanâ*), la vision des choses *(dhamma)* telles qu'elles sont, sans soi.

Par sa doctrine de l'*anattâ*, le Bouddha différenciait vigoureusement sa voie propre des autres doctrines hindoues de son temps et, tout aussi bien, des trois monothéismes issus d'Abraham, que nous connaissons mieux en Occident. Certes, pour un occidental, accoutumé à la conception d'une « âme immortelle », l'assertion qu'en l'homme il n'y a rien qui soit permanent et non soumis au changement, entièrement autonome, capable d'une ultime béatitude, semble au premier abord scandaleuse.

Il importe de discerner clairement que ce point de vue, en quelque sorte thérapeutique, est une méthode héroïque de réintégration dans ce qui dépasse toutes les affirmations particulières et, de ce fait, exige la négation de toutes les affirmations particulières, même la plus générale de toutes, celle de l'être, celle qui fait dire « je suis ». Ce dernier orgueil (*mâna*) du « je suis » persiste encore chez l'*anâgamin*, le sage qui est arrivé au troisième stade de la Voie, et c'est sa disparition qui marque l'accès au dernier stade, celui d'*arhat*, dont on peut dire que l'individualité est entièrement exsufflée. « Celui qui ... a atteint le vide, le sans signe et la délivrance, sa trace est aussi difficile à suivre que celle des oiseaux dans l'espace » (*Dhammapada*, 93). « De celui qui a disparu, pas de mesure, il n'y a plus rien de lui par où on parlerait de lui ; toutes les données qui le constituaient sont abolies : abolis, tous les chemins de la parole » (*Suttanipâta*, 10, 74).

L'annonce de la fin de cet *attâ*, qui n'est en réalité que la fin d'une illusion, est accueillie par le bouddhiste avec exultation, car il sait qu'il n'y a là rien qui soit réel au sens ultime, au sens absolu *(paramattha-sacca)*, même si l'individualité empirique constitue une « réalité », au plan de la vérité conventionnelle *(sammuti-sacca)*. On peut noter que cette proclamation a fait l'objet du deuxième discours historiquement prononcé par le Bouddha, après la mise en marche de la roue de la Loi, pour ses cinq premiers disciples, à Isipatana, près de Bénarès. Il s'agit du *sutta* sur la caractéristique de l'absence de soi *(anattâ-lakkhana)* dont la simple exposition fit que « les cœurs des cinq moines, détachés de l'existence, furent émancipés des purulences *(âsava)* » (*Vin.*, 1, 14).

Nous renvoyons, pour une juste compréhension de la doctrine de l'*anattâ*, à ce que nous avons dit du *Nirvâna* dont la formulation négative a engendré des méprises analogues en Occident et en arrivons aux techniques proprement dites.

L'ensemble des techniques de méditation sur la voie de la vision pénétrante (*vipassanâ*) purifie l'esprit et la connaissance suivant un schéma réparti en sept étapes, ainsi rapportées dans le *Visuddhi* Magga.

1) Purification de la conduite (*sîla-visuddhi*). Nous ne faisons que rappeler la nécessité, en quelque sorte technique, des observances morales, pour assurer la tranquillité de l'esprit, base du développement méditatif.

2) Purification de l'esprit (*citta-visuddhi*). Il s'agit de l'état de concentration déjà atteint par les techniques de la tranquillité (*samatha*), soit celui de l'un quelconque des huit *Jhânas*, soit au minimum de la concentration d'accès *(upacâra-samâdhi)* qui suppose l'apparition du signe reflet *(patibhâganimitta)*.

3) Purification des vues (*ditthi-visuddhi*). Elle concerne la vision juste de l'existence phénoménale de l'esprit et de la corporéité *(nâma-rûpa)* dont la dualité recouvre les cinq agrégats *(khandha)* étudiés plus haut. *Nâma*, l'esprit, littéralement le nom, englobe les sensations, perceptions, formations mentales et la conscience. Par diverses techniques, il s'agit, en suivant une voie moyenne entre l'hérésie éternaliste *(sassata-ditthi)* et l'hérésie annihilationiste *(uccheda-ditthi)*, de voir qu'il n'y a ni je, ni mien dans les jeux changeants de l'esprit et du corps, du nom et de la forme.

4) Purification de la victoire sur les doutes (*kankhâvitarana-visuddhi*). La compréhension des cinq agrégats comme résultant de causes et conditions, conduit à la disparition des seize doutes, concernant soi-même dans le passé, le présent et l'avenir, dont voici quelques formulations : qui étais-je dans le passé, qui n'étais-je pas dans le passé, comment étais-je, etc... La vue juste est de voir les agrégats s'engendrant les uns les autres suivant la loi causale, le *Karma*. De façon plus détaillée, il s'agit là de pénétrer l'enseignement de la production conditionnée *(paticcasamuppâda)* encore traduite : chaîne des origines interdépendantes (A. David-Neel). La compréhension de cette vérité, essentielle et subtile, de l'enseignement du Bouddha, élimine également les doutes plus généraux concernant le maître, l'enseignement, la communauté, la méthode, etc... au nombre de huit.

5) Purification de la connaissance et de la vision de la Voie et de la Non-Voie *(maggâmagga-ñânadassana-visuddhi)*. Le disciple qui pratique la contemplation de l'apparition *(udaya)* et de la disparition *(vaya)* des phénomènes dans les trois mondes, de la forme grossière, de la forme subtile et informel, voit se produire l'apparition d'états béatifiques ou « supranormaux », susceptibles de l'induire en erreur, qui, de ce fait, ont reçu le nom de souillures (*kilesa*) de la vision pénétrante. Ils sont au nombre de dix (*Vis. Mag.*, chap. xx).

1. Eclat lumineux *(obhâsa)*. Il s'agit de sensations lumineuses subjectives, mais aussi objectives et perçues par autrui, comme une aura corporelle, éventuellement capable d'éclairer à distance.
2. Connaissance *(ñâna)*. La pensée est extrêmement ferme, incisive et rapide comme un éclair.
3. Transport joyeux *(pîti)*. Identique à ce qui en est dit dans le premier *Jhâna*.
4. Calme *(passaddhi)*. L'état paisible et libre de tout malaise du corps et de l'esprit, sa légèreté, sa disponibilité, font dire que le méditant expérimente un plaisir supra-humain.
5. Bonheur *(sukha)*. Il remplit le corps entier.

6. Résolution *(adhimutti)*. Elle concerne une foi puissante et résolue, associée à la vision pénétrante.
7. Energie *(paggaha)*. Ni trop forte, ni trop faible, mais juste et bien établie.
8. Attention *(sati)*. Quelque sujet que considère le méditant, il le fixe avec précision ainsi que fait celui qui est doué de l'œil divin.
9. Equanimité *(uppekkhâ)* dans l'exercice de la vision pénétrante.
10. Attachement *(nikanti)*. Le désir de cette vision pénétrante qui engendre connaissances et délices, est si noble, si subtil, qu'il est bien difficile de le prendre pour ce qu'il est, un piège dangereux où ne manquent pas de tomber ceux à qui fait défaut un maître attentif et compétent, voire un disciple doué qui puisse faire la leçon à son maître, comme le rapporte une histoire humoristique mais canonique.

Tout ceci appelle quelques commentaires. Le premier, que la voie de la vision pénétrante fait apparaître certaines des caractéristiques corporelles et psychiques déjà rencontrées dans les *Jhânas*. Le deuxième, que l'attachement à un stade agréable est un puissant facteur de stagnation sur la Voie. Le troisième, que pour éviter ce danger, il faut appliquer à tous les stades, les caractéristiques de l'impermanence, de la souffrance et de l'impersonnalité.

6) Purification de la connaissance et de la vision de la Voie (*patipadâ-nânadassana-visuddhi*). Une fois éliminée l'influence des dix souillures ci-dessus, le disciple s'applique à une progression méthodique de la vision pénétrante, où le Visuddhi Magga reconnaît neuf stades (chap. XXI).

1. La connaissance résultant de la contemplation de l'apparition et de la disparition *(udayabbayânupassanâ-nâna)*. Cette méthode, dont la pratique avait entraîné l'apparition des dix souillures de la vision pénétrante, trouve maintenant seulement son accomplissement, dans la pénétration de l'impermanence et, en conséquence, de la souffrance et de l'impersonnalité de tous les phénomènes.

2. La connaissance résultant de la contemplation de la dissolution *(bhangânupassanâ-ñâna)*. Le méditant pénètre profondément la nature périssable de toutes les choses composées, et cela n'est pas seulement une connaissance théorique, mais une sagesse (paññâ) car accompagnée de réalisation, d'abandon de l'attachement, de libération des souillures (*kilesa*). Aussi est-il dit qu'à ce stade, le disciple s'est libéré des fausses opinions sur le devenir, de la soif *(tanhâ)* d'existence, de l'anxiété et de l'insatisfaction.

3. La connaissance qui envisage la peur *(bhayatûpatthâna-ñâna)*. De façon, en apparence, paradoxale, ce méditant libéré de l'anxiété va enfin pouvoir considérer en face le caractère terrifiant de l'impermanence, de la souffrance et de l'impersonnalité propre à tous les composés. Tout en restant imperturbable, il peut de ce fait les considérer comme vains, vides, aussi peu réels qu'un mirage ou une ville de fantômes.

4. La connaissance résultant de la contemplation du danger *(âdînavânupassanâ-ñâna)*. La vision objective, dans tous les royaumes du devenir, de la naissance, de l'existence, du déclin, de la mort des choses composées, comme un danger, est en même temps la vision que la non-naissance, la non-existence, le non-déclin, la non-mort, sont la voie de la Paix, du *Nirvâna*.

5. La connaissance résultant de la contemplation de l'aversion *(nibbidânupassanâ-ñâna)*. Le méditant se détourne et se détache de toutes les formations perçues comme terrifiantes et dangereuses. Il est purgé définitivement de ses impuretés.

6. La connaissance du désir de la délivrance *(muncitukamyatâ-ñâna)*. C'est alors que se lève en lui le pur désir d'échapper au monde conditionné et changeant.

7. La connaissance résultant de la contemplation réfléchie *(patisankhânupassanâ-ñâna)*. Il réalise que la vision des trois caractéristiques des choses composées est le moyen efficace de satisfaire le désir de la délivrance.

8. La connaissance de l'équanimité à l'égard des formations *(sankhârupekkhâ-ñâna)*. Il contemple les forma-

tions comme vides de soi ou de quelque chose appartenant à un soi. Il ne voit plus de je ou de mien nulle part ni dans aucune chose, aussi devient-il libre de plaisir et de crainte, parfaitement équanime. Si, à ce stade, cette connaissance perçoit le *Nirvâna* comme la Paix, elle abandonne toutes les formations et entre dans le *Nirvâna.* Sinon elle continue à contempler les formations et les textes décrivent alors trois routes menant à la délivrance.

La contemplation de l'impermanence élimine l'erreur ou signe *(nimitta)* de la permanence et renforce la foi *(saddha),* aussi est-elle appelée délivrance du sans signe *(animitta-vimokkha)* et le *Nirvâna* est alors atteint par l'élément sans signe *(animitta-dhâtu).*

La contemplation de la souffrance élimine l'attachement, renforce la concentration et est appelée délivrance du sans désir *(appanihita-vimokkha).* Le méditant atteint alors le *Nirvâna* par l'élément sans désir *(appanihita-dhâtu).*

La contemplation de l'impersonnalité élimine la croyance en la personnalité, le plus robuste des liens *(samyojana),* développe la sagesse et mène à la délivrance du vide (*sunnatâ-vimokkha*), en atteignant le *Nirvâna* par l'élément du vide *(sunnatâ-dhâtu),* vide de soi.

En fonction de ces trois voies et des antécédents, les textes décrivent plusieurs variétés « d'hommes nobles », que nous ne détaillerons pas.

9. La connaissance adaptée *(anuloma-nâna).* En elle culmine la connaissance des huit stades précédents. L'esprit, bien établi dans la foi, la concentration et l'équanimité, récapitule, en conformité avec la vérité, ce qui précède, et s'accorde avec ce qui va suivre, qui est le passage de l'état mondain à l'état supra-mondain *(lokuttara),* l'atteinte des quatre états de la Voie.

7) Purification de la connaissance et de la Voie (*Nâna-dassana-visuddhi*). Elle comprend la réalisation des quatre nobles voies, d'entrée dans le courant *(sotâpanna),* de celui qui ne revient qu'une fois *(sakadâgâmî),* de celui qui ne revient plus (*anâgâmî*) et d'*arhat,* le saint parfait.

II. — Précisions techniques

Qu'en est-il maintenant des techniques dans leur pratique concrète ? Elles constituent un ensemble, numériquement plus riche et apparemment plus diversifié, que la quarantaine des sujets de méditation *(Kammatthâna)* de la voie de la tranquillité. En réalité, leur nombre, qui peut atteindre plusieurs centaines, n'est obtenu que par l'application des trois caractéristiques à la totalité des divisions classificatrices des phénomènes, dont on connaît la richesse dans le Bouddhisme. Si bien que la diversité apparente se réduit aisément à la simplicité.

L'essence de la vision pénétrante est résumée dans la formule suivante (*Dhammapada,* 277-79) :

Sabbe sankhârâ aniccâ,
Sabbe sankhârâ dukkhâ,
Sabbe dhammâ anattâ.

Ce qui peut être traduit, avec les réserves signalées, plus haut :

Tous les composés sont impermanents,
Tous les composés sont douloureux,
Toutes les choses sont sans soi.

Où il convient de souligner que les « composés » se réfèrent aux cinq agrégats constitutifs des êtres, et que les « choses », traduisant *dhamma,* ont un sens encore plus large et incluent notamment le *Nirvâna* lui-même, ce qui évite la réintroduction d'un piège à identification, par le canal hautement respectable, mais parfaitement détestable, d'une personnification de l'absolu.

Le débutant, déjà en fait expérimenté dans la concentration, peut choisir préférentiellement l'une des caractéristiques qu'il développera, étant entendu que la pleine compréhension de l'une des trois amène aussitôt celle des deux autres. Le méditant peut appliquer de façon systématique la vision profonde, suivant les trois caractéristiques, à l'une quelconque des classifications phénoménales et tout d'abord aux cinq agrégats, puis passer en revue la totalité de la scolastique bouddhique, en maîtrisant les énumérations complexes de l'*Abhidhamma*.

Il est en fait plus aisé et conseillé par les maîtres birmans contemporains, de choisir parmi les quatre établissements de l'attention *(satipatthâna)* qui s'adressent au corps, aux sensations, aux états d'esprit, aux contenus mentaux, l'objet le plus grossier et donc le plus aisé à saisir : le corps.

Le méditant, assis dans une des postures traditionnelles, est invité à se concentrer sur la posture elle-même, dont il doit noter objectivement les caractéristiques et qui constituera la toile de fond de tout l'exercice. Bien entendu, cette première consigne est destinée à être immédiatement violée. De multiples stimulations sensorielles vont s'imposer à la conscience : démangeaison, odeur d'encens, bruit extérieur, etc... chacune de ces sensations doit être enregistrée objectivement dans le style : il y a, sur le genou droit, une démangeaison qui augmente, qui persiste, qui disparaît, suivant les cas, après quoi l'attention se reporte sur la simple posture. Les sensations relatives à la posture elle-même doivent être enregistrées avec la même objectivité, la même acuité, le même souci d'en distinguer les diverses phases. Par exemple, pour ce qui concerne la déglutition, on notera : « accumulation », quand la bouche se remplit de salive, « désir de déglutition », quand cette accumulation pousse à déglutir, « décision », quand la volonté se résout à l'acte, « déglutition », quand l'action se déroule. Il en ira de même pour les rectifications de posture qui s'avèrent nécessaires : redresser la colonne vertébrale, rentrer le menton, adapter le contact des pouces, etc... Le principe est de suivre avec une attention sans faille le déroulement successif des phénomènes, ce qui permet de discerner progressivement, avec une pénétration croissante, leurs caractéristiques d'impermanence, de douleur et d'absence de soi.

Sur le fond constitué par la posture elle-même (en éliminant pour la commodité de l'exposé le problème des perturbations sensorielles et mentales) se détache l'activité rythmique de la respiration. Celle-ci constitue le deuxième sujet de base de l'attention. Il s'agit d'enregistrer, sans l'influencer, le cours naturel du cycle respiratoire, en notant simplement les phases d'inspiration, d'expiration et les brèves pauses spontanées, sans aucune défaillance ni interruption. Ce spectacle est particulièrement propre à la réalisation de la connaissance de l'apparition *(udaya)* et de la disparition *(vaya)* de tous les phénomènes. On se gardera bien de confondre cette technique avec celle du début d'*ânâpânasati* où le contact du souffle pris pour support de concentration mène à la voie des *Jhânas*.

Disons, pour résumer, que la base de la technique est la contemplation attentive objective et impersonnelle de la posture et des mouvements respiratoires.

Par la prise en considération des perturbations mentales, le méditant va se trouver confronté nécessairement avec les trois autres domaines d'application de l'attention : les sensations et leurs répercussions affectives, le mental, les objets de pensée, même si, la perturbation éliminée, il revient ensuite à son exercice de base.

Nous parlons plus loin, en détail, au chapitre IX, des différentes façons de traiter les perturbations et le lecteur intéressé peut s'y reporter pour des cas concrets. Disons ici simplement que l'attitude fondamentale consiste à examiner imperturbablement le phénomène perturbateur et à le laisser se dissoudre comme les nuages dans le ciel d'été. La pratique répétée de la désidentification, du détachement, que suppose ce simple... exercice est certes la méthode de purification interne la plus essentielle, sinon toujours la plus rapidement efficace. (On peut rappeler, en passant, à ce sujet, que le Tantrisme préconise d'autres méthodes de purification : prosternations, récitation de mantras, longuement poursuivies). Que les souillures soient « brûlées » par l'une ou l'autre méthode, il importe finalement peu, l'essentiel étant de bien savoir au départ que tel est le travail nécessaire.

Arrivé à ce point, il est aisé de reconnaître l'identité fondamentale des pratiques de la vision pénétrante, qu'elles prennent la forme primitive du *satipatthâna* de l'école *Theravâda* ou celle de *Shikan-taza* dans l'école *Soto du Zen*, colorée par le cadre *Mahâyânique* et le style japonais. Même matériel fondamental, la posture, même façon objective de considérer les perturbations inévitables et d'aller au-delà du dualisme.

Nous nous contenterons de pointer un certain nombre de détails pratiques.

— L'arme de base de la pratique est l'attention, qui deviendra, espérons-le, un jour, parfaite. En attendant, son caractère très intermittent laisse échapper une multitude de phénomènes qui mènent leur vie cachée bien loin de la lumière clignotante de la conscience. Le développement, fatalement progressif et lent, de l'attention doit s'adresser d'abord de préférence à des phénomènes corporels grossiers, et ceux-ci même doivent être ralentis artificiellement pour permettre à l'attention de les noter sans défaillance. Qu'il s'agisse donc d'une rectification de posture, de la déglutition, etc... tous ces mouvements doivent s'effectuer très lentement afin d'être menés en pleine conscience d'un bout à l'autre de leur exécution.

Ce principe est valable tout au long de la vie quotidienne et les méditants dans les centres Theravadins s'exercent ainsi tout le jour durant la toilette, le repas, la promenade. La marche lente, kin-hin, qui coupe les séances de *Zazen* de l'école *Soto*, offre les mêmes opportunités, en sus du délassement pour les articulations douloureuses. Le but est évidemment de réaliser l'éternité au sein du changement, le *Nirvâna* dans la vie quotidienne, la *Prajnâparamita* dans l'épluchage des légumes. La parfaite attention en est la base obligatoire. Ambitieux programme, car si la vie quotidienne du monastère *Zen* est organisée pour rendre possible cette permanence de la présence lucide dans chaque action, il en va différemment pour le laïc livré à l'agitation dispersante du monde.

Cette nécessité vitale qu'est la sacralisation de chaque acte, sur laquelle insistent *tous* les enseignements traditionnels, peut être assurée dans le Bouddhisme par l'ascèse de l'attention permanente parfaite. Mais, en raison de sa difficulté pour l'homme ordinaire, nous ajouterons une précision technique. Dans la vie profane, le moyen le plus pratique de se recentrer à chaque fois qu'on a été capté, aliéné, par une sensation ou une activité identifiante, est sans doute de revenir à l'attention au va-et-vient du souffle. Une fois ce degré minimum de concentration récupéré, on peut à nouveau faire face attentivement à l'ensemble de la situation telle qu'elle est.

Toujours en considérant cette difficulté, on peut remarquer que le véhicule tantrique, particulièrement adapté à la dégénérescence contemporaine, offre deux moyens pratiques, utilisables à ce niveau, comme base de la transfiguration de la vie quotidienne. Le premier est l'idéal du *bodhisattva* comme disposition mentale permanente consacrant toute activité au bien de tous les êtres. Le deuxième est la récitation permanente du *mantra* comme support unifiant du corps, de la parole et de l'esprit. Moyen relativement facile donc, adapté aux conditions de l'époque, parfaitement discret lorsque la récitation est uniquement mentale. Point n'est besoin d'exhiber un gros chapelet, ce qui dans certaines circonstances sociales peut être choquant. Choquant, hélas, pour l'homme moderne, qui en a perdu le sens. En fait, l'apport unifiant du corps, de la parole et de l'esprit, fourni par l'égrenage paisible du chapelet, est un moyen habile qui doit être utilisé lorsque l'environnement s'y prête.

— La douleur physique, compagne ordinaire du méditant au début, est évidemment une magnifique occasion de prendre conscience du caractère douloureux des phénomènes sous leur aspect le plus grossier, en attendant de pouvoir en réaliser les aspects plus subtils. L'intensité de la souffrance des articulations et des muscles en fait parfois une épreuve... qu'il convient de traverser. En notant avec objectivité les caractéristiques de la douleur, son emplacement, ses fluctuations, il est nécessaire de voir : « il y a ici une douleur » et non pas : « telle est *ma* douleur », ce qui ajouterait à la souffrance physique les angoisses de l'appropriation égoïste. Alors que la souffrance, vue pour ce qu'elle est, un phénomène impermanent, est étonnamment bien supportée. Il peut être utile de concentrer alternativement l'attention sur l'endroit douloureux et le reste de la posture, égalisant ainsi les objets de l'attention. Inversement, il peut être temporairement préférable de se concentrer exclusivement sur la douleur, ce qui au premier abord exacerbe l'intensité douloureuse perçue, mais lorsque la maîtrise par désidentification est réussie, une énergie plus grande est aussitôt mise à la disposition du méditant et cela peut être clairement perçu.

Si, par contre, le méditant se sent envahi par la douleur.

il est bon qu'il déplace son attention sur l'émotion, l'inquiétude, le tremblement intérieur qui l'agitent et qu'il essaye de percevoir ce qui, en lui, se sent menacé, s'affole et pourquoi. Au cas, bien entendu, où l'expérience devient insupportable, il est sage de changer de posture très lentement, en suivant au fur et à mesure les étapes du soulagement, physique et mental. Après quoi on reprend, lentement, la posture.

— Le point essentiel est, bien entendu, la position de l'esprit. On pourrait la décrire comme ayant déjà obtenu le *Nirvâna.* Anticipation ambitieuse mais qui dit bien ce qu'elle veut dire. Le méditant doit donc tenter de considérer tous les phénomènes avec lucidité, attention, équanimité. Les consignes, on le voit, sont simples. Leur pratique est plus délicate, lorsqu'il faut, de toute nécessité, résoudre les innombrables contradictions qui constituent la texture même de l'existence. Le méditant se voit ainsi invité à s'asseoir avec énergie pour ne rien faire, à entreprendre sans rien espérer, à attendre sans se réjouir des succès ni s'affliger des échecs, à distribuer à la fin de chaque méditation ses résultats bénéfiques inexistants au profit d'êtres illusoires. La littérature du *Zen,* en particulier, abonde en formules percutantes, destinées à briser dans l'esprit du disciple l'attachement à un mode de pensée dualiste, fondamentalement incapable de pénétrer l'essence paradoxale de la Vacuité. C'est pourquoi le *Zen* vous conseille simplement de vous asseoir, sans esprit de profit et de penser sans penser. Essayez.

— Gardant à l'esprit les points techniques déjà évoqués, comment s'effectue la pratique ? Sur une base commune, il faut bien savoir, qu'il existe en fait de nombreuses variantes, qui font surtout l'objet d'un enseignement oral, de maître à disciple, et qui, pour beaucoup d'entre elles, n'ont même jamais été mises par écrit. Le maître est naturellement une nécessité impérieuse.

La technique la plus simple est celle qui se fonde sur l'attention au corps et reste identique à elle-même d'un bout à l'autre de la voie, qu'il s'agisse des méthodes birmanes contemporaines[3], ou de *shikan-taza* de l'école *Soto du Zen.*

[3] Mahâsî Sayadaw « Discourse on the basic pratice of the Satipatthâna Vipassanâ », Burma Art Press L^td^, Rangoon.

L'observation, détachée mais intense, des sensations corporelles et respiratoires, constitue la toile de fond sur laquelle se dessinent les perturbations transitoires des stimulations sensorielles et des activités mentales. Celles-ci sont enregistrées par une conscience équanime, ouverte à tout ce qui apparaît, puis jaugées et abandonnées, l'esprit revenant à chaque fois à la posture. Ce schéma invariable permet, suivant une progression lente et paisible, de développer la lucidité et de percevoir, de plus en plus clairement, un nombre de plus en plus grand de phénomènes. Là où se percevait la continuité illusoire d'un moi grossier, jaillira le flux accéléré de phénomènes fugaces, qui ne demeurent pas même le temps d'un battement de paupières. Lorsque, dans ce changement permanent et insatisfaisant, aucune trace du moi ne pourra plus se découvrir, larges ouvertes seront les portes de l'Eternel.

Nous avons vu, au chapitre précédent, que le méditant peut avoir commencé sa pratique par l'une quelconque des méthodes de la voie de la tranquillité jusqu'à obtention du « patibhaga-nimitta », signe reflet, par exemple cercle lumineux brillant et fixe, qui signe le niveau de concentration, dit d'approche, du premier *Jhâna.* C'est à ce stade que les maîtres *Theravadins* conseillent de bifurquer éventuellement vers la pratique de la vision pénétrante. Dans ce cas, au lieu de se concentrer de plus en plus profondément sur le *nimitta,* de telle façon que l'esprit et la lumière tendent à ne faire qu'un, le méditant continue certes à fixer le *nimitta,* mais avec un esprit ouvert aussi bien aux fines fluctuations du *nimitta* lui-même (forme, couleur, intensité lumineuse) qu'aux sensations ou activités mentales subsistantes, qui sont contemplées dans leur nature impermanente, insatisfaisante et dénuée de nature propre, puis abandonnées, cependant que le méditant retourne au *nimitta.*

Alors que dans les techniques de concentration, il n'est pas gênant (sauf somnolence) de fermer les yeux, dans la pratique de la vision pénétrante, il est préférable de garder les yeux mi-clos, ce qui permet la perception, restreinte, de quelques formes visuelles. Dans ce cas, le champ visuel est coupé en deux horizontalement par les paupières. Si le *nimitta* est bien fixé, il continue à se projeter au centre du champ visuel, demeurant toutefois plus visible sur la moitié supérieure sombre. La pratique est la même que dans le cas précédent où la forme corporelle globale constitue la référence, relativement stable, à laquelle on retourne dans l'intervalle des perturbations.

Dans l'enseignement de Saya U Thein[1], à Mandalay, après obtention du *nimitta*, c'est sur le sommet du crâne que le méditant doit focaliser son attention, afin d'y apprendre à percevoir le changement permanent pour progressivement l'étendre au corps entier.

Signalons enfin que la réalisation du *mahamoudra*, qui constitue le sommet des pratiques tantriques, est une pure méditation *vipassanâ*, identique en son essence à ce que devrait être par exemple *shikan-taza*. Mais les maîtres tibétains prennent bien soin de nous prévenir que c'est, en fait, irréalisable avant d'avoir longuement purifié et transformé le corps, la parole et l'esprit, grâce aux nombreux moyens habiles du *Vajrayâna*.

Nous conclurons en renvoyant au maître nécessaire et aux adresses citées en fin de volume où ceux-ci, en France, peuvent se découvrir.

[1] M.B. Byles, Journey into Burmese silence. G. Allen and Unwin Ltd, Londres, 1962.

Chapitre neuf

LA MEDITATION BOUDDHIQUE ET LA PSYCHANALYSE

Le problème des rapports que l'on peut découvrir entre une technique de thérapeutique psychiatrique et les procédés de méditation bouddhique est si vaste et si complexe que nous sollicitons, dès l'abord, l'indulgence pour les imperfections et les lacunes inévitables de cet exposé. Si nous avons choisi d'aborder cette étude, c'est qu'il existe une analogie réelle entre la démarche du thérapeute qui tente de soulager un malade mental et celle du Bouddha qui a montré à l'homme souffrant comment se libérer de sa condition douloureuse, aliénée par le désir, la haine, la répulsion et l'ignorance. N'est-ce pas pour cela qu'il a été appelé le Grand Médecin ? Nous verrons que les petits médecins de notre époque ont parfois suivi sans le savoir et pour la part féconde de leur œuvre, l'exemple qu'il avait laissé. Nous nous attacherons donc, chemin faisant, à noter certaines de ces convergences pratiques, tout en soulignant les différences essentielles. Pour terminer, nous essayerons de déterminer si la psychanalyse peut apporter quelques données de valeur au méditant bouddhique et si, réciproquement, le Bouddhisme ne pourrait pas fournir à la science analytique une dimension pratique supplémentaire et un cadre spirituel qui lui fait très fâcheusement défaut.

La psychanalyse, issue des travaux de S. Freud et aujourd'hui divisée en de nombreuses écoles souvent rivales, fait partie de nos jours du patrimoine culturel commun ; aussi, supposant ses bases connues, nous contenterons-nous d'en retenir, en dehors de toute polémique de chapelle, ce qui en est l'essentiel et généralement accepté, ou ce qui concerne directement notre propos.

I. — La psychanalyse freudienne

La psychanalyse met en présence un sujet souffrant de limitations internes qui l'empêchent de jouir et de travailler comme ses semblables, pour reprendre une constatation de Freud qui nous suffira pour l'instant. Ce sujet aspire à trouver un état d'équilibre de son moi dans sa relation avec lui-même et avec autrui, qui soit satisfaisante en fonction des critères habituels de la société où il vit. La référence du sujet et de son thérapeute est donc celle d'un état naturel de la condition humaine, hic et nunc, que le sujet n'a pu jusqu'ici assumer dans sa plénitude. L'itinéraire envisagé est celui qui mène d'un état infra-naturel à un état naturel accepté comme but. Le Bouddhiste qui veut pratiquer la méditation, en général suffisamment satisfait de sa réussite sociale et personnelle (nous verrons qu'il y a de nombreuses exceptions), part de cet état naturel et demande à être délivré des limites mêmes de la condition humaine pour atteindre un état supra-mondain transcendant, dont le Bouddha a dit que la potentialité était inscrite dans le cœur de tout homme : « Dans ce corps actuel, haut de six pieds, avec ses perceptions et pensées, je proclame le monde, l'origine du monde, la cessation du monde. »

L'itinéraire est ici celui qui, par la libération des entraves, inhérentes à l'homme naturel, mène à un état supranaturel, à la Bouddhéité, au *Nirvâna*. On voit qu'une analogie profonde, mais non une identité, unit ces deux expériences ; il s'agit, dans les deux cas, de passer d'un état inférieur à un état supérieur, de s'affranchir de limitations au moyen de techniques qui œuvrent dans l'intimité du sujet.

Qu'en est-il à ce sujet de la technique analytique ? Elle met en présence un analyste et un analysé. L'analysé, en général confortablement installé sur un divan ou dans un fauteuil, est invité à exprimer spontanément, sans rien retenir, tout ce qu'il ressent et pense. Il extériorise ainsi, au fil des semaines et des années, le puzzle de ses souvenirs, de ses craintes cachées, de ses désirs inassouvis, de ses projets secrets, de ses imaginations et de ses rêves, comme de ses actions officielles ou honteuses. Agité par des émotions diverses, lié par une relation affective étroite avec l'analyste, il débrouillera progressivement l'écheveau des relations conscientes et inconscientes qui l'ont asservi à autrui, aux personnages de sa vie infantile et adulte, à l'analyste notamment, et qui l'ont aussi bien asservi à l'image qu'il se faisait de lui-même.

Qu'est-ce que cet usage de la technique des associations libres a révélé aux analystes ?

Nous retiendrons d'abord le fait fondamental de l'existence d'un psychisme inconscient, organisé et dynamique, agent efficace de création de symptômes pathologiques certes, mais aussi bien facteur constant de notre vie psychique consciente. Cet inconscient qui se révèle peuplé, entre autres, de désirs infantiles, d'une sexualité d'apparence perverse, d'une agressivité féroce, était passablement scandaleux pour la conscience puritaine et rationaliste du XIXe siècle finissant. Ce qui explique bien des résistances à la psychanalyse ; il n'en va pas de même pour un Bouddhiste qui peut intégrer sans peine le concept d'inconscient des analystes dans celui beaucoup plus vaste de *Bhavanga. Bhavanga-sota* est ce courant sous-jacent qui forme la condition de l'existence, dans lequel toutes les expériences passées pré ou post natales fonctionnent et d'où elles peuvent éventuellement gagner la pleine conscience. Il recouvre aussi les notions d'inconscient personnel tel qu'il a été décrit par Freud et d'inconscient collectif décrit par Jung, tout en s'étendant aux états antérieurs et postérieurs par rapport à l'existence actuelle, et à des plans d'existence inconnus des analystes occidentaux puisque, par exemple, dans les trois domaines du *kâma-loka,* du *rûpa-loka* et de l'*arûpa-loka,* l'*Abhidhamma* distingue dix-neuf classes de *bhavanga-citta.*

Un des aspects particulièrement choquant des découvertes freudiennes a été la remise au jour de l'existence, chez le jeune enfant, d'intérêts et d'attachements de nature érotique à ses parents ou à ses frères et sœurs. Cette constatation cliniquement indiscutable, dénommée et popularisée sous le nom de complexe d'Oedipe, a soulevé une tempête de protestations. Il ne s'agit pourtant que d'une redécouverte. Ne lit-on pas dans le Livre des morts Tibétain, le Bardo Thödol, décrivant ce qui se passe au moment de la renaissance : « Si l'on doit naître mâle, le sentiment d'être un mâle se lève dans le Connaisseur, et un sentiment de haine et de jalousie envers le père, d'attirance envers la mère est ressenti. Si l'on doit naître femelle, le sentiment de haine intense envers la mère, d'attraction envers le père est éprouvé. » Ce violent désir de l'enfant dirigé vers le parent de l'autre sexe, pour l'analyste commence à la naissance, pour le Bardo Thödol préside à la conception. Il a reçu dans l'Ecole analytique le nom de *libido*. Une brève étude étymologique montre que ce terme est dérivé du verbe latin *lubere*, désirer, parent de la racine sanscrite *lubh*, en pâḷi *lubhati*, le substantif correspondant étant *lobha*, désir.

Etymologiquement donc, *libido* correspond à *lobha* ; nous allons voir qu'il ne s'agit pas seulement d'une rencontre linguistique mais sans doute d'une réalité fondamentale. Nous connaissons dans le Bouddhisme le ternaire des racines, *mûla*, ou causes ou « racines » de l'existence : *lobha*, le désir, *dosa*, la répulsion, *moha*, l'ignorance. Le désir et la répulsion qualifient tous les degrés d'attraction ou de répulsion à l'égard d'un objet, indissociablement liées à la troisième, *moha* ou *avijja*, l'ignorance ou l'illusion qui est aussi le premier facteur du *paticca-samuppâda*, ainsi que le dixième et le dernier lien, *samyojana*, celui qui n'est définitivement tranché que par l'atteinte de l'état d'*Arhat*. Il est assez remarquable que l'expérience clinique ait conduit un célèbre psychanalyste contemporain à dire familièrement que les trois causes des troubles mentaux sont l'amour, la haine et la bêtise, où nous retrouvons très exactement nos trois racines de l'existence. L'expérience médicale rejoint là parfaitement l'enseignement bouddhique.

Freud, déjà, avait élaboré une construction spéculative voisine, en divisant les pulsions en deux groupes opposés dans une perspective grandiose, mais manichéiste et profondément pessimiste, pulsions de vie et pulsions de mort. La pulsion de vie, pulsion libidinale, a pour but « d'instituer des unités toujours plus grandes et ainsi de maintenir, c'est la liaison », elle se rapproche de l'anabolisme physiologique, de l'attraction dans le domaine organique. La pulsion de mort a pour but « au contraire de dissoudre les assemblages et ainsi de détruire les choses », d'égaliser les tensions afin de retourner à l'état anorganique supposé être l'état de repos absolu. Elle se rapproche du catabolisme physiologique, de la répulsion dans le domaine physique pur. Cette conception est explicitement rapprochée par Freud de celle de Schopenhauer qui, on le sait, avait puisé dans les Upanishads et le Bouddhisme, mais il semble qu'à travers ce détour, une faible fraction seulement de la Sagesse initiale soit parvenue jusqu'à Freud. Celui-ci a bien fait référence à ce qu'il a appelé le principe de *Nirvâna,* exprimant la tendance de la pulsion de mort, et défini comme « anéantissement de l'individualité qui se fond dans l'âme collective ». Il y a là, évidemment, une utilisation abusive du terme *Nirvâna.* L'étude précise des textes permet de déceler, dans la notion de pulsion de mort, l'expression exacte de ce que le Bouddhisme appelle « *ucchedaditthi* », la croyance à l'annihilation de quelque chose qui existe réellement, ce qui appelle sur le plan psychologique le désir de non-existence. Corrélativement, la pulsion de vie, telle qu'elle est décrite par Freud, est enracinée dans *sassataditthi,* l'hérésie éternaliste, qui croit en un ego persistant, tend à le maintenir et l'étendre. Il faut bien remarquer, en effet que, malgré l'acuité psychologique des descriptions freudiennes, leur base conceptuelle est fausse. La réduction à deux forces antagonistes déséquilibre le système freudien, réduit à un affrontement en champ clos. C'est qu'il manque le troisième facteur, l'ignorance, dont on sait qu'elle est la formulation négative d'une vérité très positive : l'ignorance suppose un savoir ; cette connaissance, qui permet d'échapper à la lutte sans espoir du désir et de la répulsion, est celle des quatre nobles vérités.

Après cette brève étude de la théorie des pulsions, nous allons envisager un point capital de la théorie analytique comme du Bouddhisme, celui du moi. Négligeant certains aspects proprement techniques de ce terme dans la psychanalyse, nous en retiendrons le sens général, proche de celui du sens commun, tel qu'il est défini par Lagache.

« Moi... est le terme qu'emploie le sujet conscient quand il pose sa personne comme objet un et permanent, qu'il oppose au non-moi et aux autres mois, les mois étrangers, mais qu'il ne peut leur opposer que pour autant que ce « moi » est de la même espèce, c'est-à-dire un objet. »

Le sujet conscient, nous dit Lagache, s'identifie au moi, ou en d'autres termes « la conscience est infiltrée, aliénée, altérée, captée, fascinée, enchantée, envoûtée par le Moi. Le Moi qu'elle a fait ». Lacan ne s'exprime pas autrement, la conscience est : « enchaînée aux méconnaissances constitutives du Moi », le Moi est une « organisation passionnelle », engendrée par un « rapport érotique où l'individu humain se fixe à une image qui l'aliène ». Le Moi se constitue ainsi au fil de l'expérience par des identifications successives à des images choisies. Un sujet, par exemple, avait choisi comme image d'identification son grand-père, pourtant décédé avant sa naissance mais dont la mère parlait abondamment de façon très laudative, ce qui n'était pas le cas pour son père. Il avait choisi de s'identifier à l'homme aimé par sa mère. C'est ainsi qu'il avait acquis des caractéristiques aussi différentes que le goût des arts plastiques, l'amour du travail manuel du bois et le culte de la justice poussé à un tel point que ses camarades avaient fini par le surnommer « Roland le juste ». La Moi est ainsi cet ensemble de traits, d'attitudes, de rôles qui font que nous pouvons dire : « Moi, je suis coléreux ou gourmand, un garçon réservé ou spontané, je suis un fils respectueux ou un étudiant fantaisiste, un amoureux fidèle ou un Bouddhiste tiède, etc... » (la persona de Jung). Dans tous ces cas, il y a identification à... qui s'exprime par la formule « je suis quelque chose ». Si, sur le plan empirique, il y a bien là quelque vérité, celle qui fait dire : Gérard est courageux ou Jacqueline est coquette, l'erreur est de poser le Moi comme un objet permanent et réel, d'adhérer à ce choix limitatif. Un exemple pathologique par le grossissement caricatural qu'il comporte vous fera saisir la limitation dangereuse que réalise l'illusion du moi.

Une de nos malades, alors qu'elle avait six ou sept ans, avait été séduite par son frère aîné qui, durant de nombreuses années, lui avait imposé des rapports sexuels. Arrivée à l'âge adulte, elle avait gardé de cette expérience prolongée une effroyable culpabilité qui, à deux reprises, l'avait conduite en hôpital psychiatrique pour des bouffées délirantes où elle se croyait damnée, en enfer. Soumise par la suite à une psychothérapie analytique, au cours d'une séance elle exprima une vive angoisse mêlée de dégoût en regardant sa main droite qui avait masturbé son frère.

« Cette main, je voudrais la couper ». « C'est cette main qui a masturbé votre frère ? » « Oui ». « C'est cette main là qui est aujourd'hui sur le divan, qui a masturbé votre frère, il y a dix ans ? » Interloquée, elle répondit : « Non, ce n'est pas la même main, mais c'est moi ». « C'est le moi qui est là aujourd'hui sur le divan qui a fait cela ? » Très surprise, elle répondit : « Non évidemment ». « Alors, lui dis-je, qui est coupable ? » Elle éclata en sanglots et comprit pour la première fois qu'elle s'était identifiée uniquement à cet aspect d'enfant totalement et définitivement coupable.

C'est sans doute une confirmation très importante à la doctrine de l'*anattâ* que nous apporte la psychanalyse sur le plan empirique qui est le sien. Il faut toutefois bien voir que les psychanalystes ne dépassent pas ce plan. Ecoutons Lagache : « Le sens de l'effort analytique doit être... de dégager la conscience de l'emprise du Moi. C'est dans le mouvement même de cette désaliénation que la conscience est rendue à elle-même, pour s'aliéner à nouveau car il est dans son essence de s'aliéner ». Lagache est bien conscient des analogies avec le non ego de certaines doctrines (qu'il ne cite pas d'ailleurs) ou avec la désappropriation de Saint Jean-de-la-Croix, mais il conclut sagement que dans le domaine analytique on ne peut espérer de tels résultats : « Dans notre domaine, dit-il... pas plus que le sujet ne peut, d'une manière radicale et définitive, se désaliéner, pas plus l'objet ne peut être saisi et retenu dans son être ».

Ainsi, le rôle de la psychanalyse apparaît être de permettre à la conscience d'objectiver le Moi et de déclarer « je ne suis pas ceci, ceci n'est pas à moi », mais, hélas, pour le laisser aussitôt s'engager ailleurs et affirmer « mais ceci sera maintenant mon ego ». Sans doute ce nouvel ego est-il plus complet, plus adapté, mais en un sens toujours aliénant, simplement le sujet est aliéné naturellement, comme tout le monde, comme vous et moi. C'est bien sûr qu'il manque à la psychanalyse à la fois la doctrine et la méthode, la doctrine de l'*anattâ*, comme vérité à réaliser, les méthodes de méditation comme moyen d'y parvenir.

Que nous dit la doctrine de l'*anattâ* ? Qu'il n'y a, ni dans les phénomènes mentaux et corporels de l'existence, ni en dehors d'eux, quoi que ce soit qui, au sens ultime, pourrait être considéré comme une entité individuelle, réelle, permanente, existant par elle-même. Seuls des phénomènes s'écoulent.

> « *La souffrance existe, mais nul qui souffre*
> *l'action existe quoiqu'il n'y ait point d'acteur*
> *le Nirvâna est, mais nul n'y entre,*
> *quoiqu'il y ait une voie, nul n'y chemine.* »
> nous chante le *Visuddhimagga.*

Cela signifie que, pour le bouddhiste, non seulement le Moi dont nous parlions est illusoire, mais aussi le Je. Au sens ultime dire « je me lève » relève de l'ignorance. La vue juste est de contempler le déroulement de phénomènes musculaires et psychiques. Et si nous apprenons à utiliser la vision profonde *vipassanâ,* cela se voit, avec la même évidence que celle qui vous montre en ce moment des mots sur une page blanche.

Encore faut-il posséder la méthode. Et d'abord, à quoi se résume la méthode analytique ? L'analysé est invité à examiner et à exprimer en mots la totalité des sensations corporelles, sentiments, désirs ou craintes, souvenirs réels ou rêves, idées, qui apparaissent à sa conscience, lors de la séance analytique. L'analysé, qui cherche à prendre une certaine distance par rapport à tous ces éléments, cherche à comprendre les relations cachées qu'entretiennent entre ces éléments, leurs causes et leurs conditions, afin de se libérer du déterminisme psychologique engendré par la méconnaissance de ces causes. En ce sens, la méthode analytique relève de l'application de l'attention, *satipatthâna,* dans ses quatre variétés : *kâyânupassanâ,* contemplation du corps, *vedanânupassanâ,* contemplation des sensations, *cittânupassanâ,* contemplation du mental, *dhammânupassanâ,* contemplation des objets mentaux. Elle le fait dans l'esprit de la méditation *vipassanâ* et on peut dire qu'il n'est pas de psychanalyse réussie qui, à quelque degré, n'ait amené l'analysé à prendre conscience de l'impermanence de la souffrance et du non-moi des phénomènes. Les résultats thérapeutiques qu'elle obtient nous ont semblé effectivement liés à la pénétration intuitive qui jaillit à plusieurs reprises au cours d'un traitement, illuminant telle crainte erronée, tel désir figé, tel idéal infantile et, par là-même, permettant de s'en détacher. En ce sens, on peut, à notre avis, dire légitimement que la méthode psychanalytique est un cas particulier de la méditation *vipassanâ.*

Les différences toutefois sont notables au niveau de la technique. L'analysé parle en présence de l'analyste, dont il attend et obtient parfois la lumière sous forme d'interprétations ou explications. Cette situation de dépendance, au reste explicable par la faiblesse du malade, s'oppose a la solitude du méditant qui a fait de soi-même son refuge.

Les analogies aussi sont frappantes. Dans le cadre analytique, le sujet se confie au thérapeute et aux connaissances techniques qu'il lui attribue, supposés capables de le soulager. L'aide du thérapeute est indispensable, en fait, et l'on sait qu'une auto-analyse demeure, en règle, inopérante ou incomplète. Dans le cas d'une relation de maître à disciple, celui-ci a Foi dans un enseignement traditionnel, dont le maître humain n'est que le dépositaire et le transmetteur, mais qui, à travers la lignée des instructeurs, remonte au Bouddha, seul véritable Maître, d'une part, ce qui conditionne la dévotion au Maître et, d'autre part, le disciple sait que cette aide extérieure ne fait que révéler ce qui réside en ce corps haut de six pieds, d'où l'effort héroïque et solitaire. Le Bouddha donnait lui-même le sujet de méditation approprié au caractère de l'individu, et actuellement encore, on considère comme nécessaire que le disciple reçoive le sujet de méditation de son maître. L'enseignement pratique dispensé par celui-ci est, évidemment, d'autant plus efficace qu'il a lui-même réalisé les stades par où le disciple doit passer. L'*Arhat* est l'idéal, à défaut la lignée décroissante des *Anâgâmî, Sakadâgâmî, Sotâpanna,* ou simples moines érudits et respectables. Tant il est vrai qu'on ne peut conduire autrui plus loin qu'on n'est allé soi-même, (ce qui a été bien souligné par deux analystes contemporains, Nacht et Jung, lesquels affirmaient que le thérapeute ne guérit pas par ce qu'il sait, mais par ce qu'il est). Cette relation maître-disciple va au-delà de la relation père-fils ou mère-fils, dévotionnelle ou respectueuse, pour atteindre un caractère sacré, qui prend dans certaines écoles Bouddhiques un aspect rituellement initiatique.

Par contre, l'analyste qui n'a rien à proposer hors de son domaine, l'accès à l'existence mondaine *(lokiya)*, reste idéalement neutre, impartial, effacé en tant qu'individu, afin que le sujet perpétuellement renvoyé à lui-même puisse enfin se permettre de devenir ce qu'il est ; naturellement, le surnaturel n'entre pas dans sa compétence. A l'absence de l'analyste s'oppose la présence du maître dans sa totalité, y compris bien sûr l'aspect physique (services domestiques, prosternation, coups de *kyôsaku* des maîtres *Zen*). Le maître dit spirituel est le plus solidement incarné et ce n'est pas un paradoxe.

Un autre caractère différentiel est le niveau de la concentration. L'analysé est invité à relâcher son contrôle volontaire, à laisser s'extérioriser sans retenue tous ses automatismes ; aussi le niveau de conscience est-il fluctuant, souvent bas, la pensée se disperse, saute de branche en branche comme un singe, ce qui d'ailleurs est souhaitable puisqu'on recherche justement à retracer les itinéraires habituels du singe.

Mais la concentration est faible, celle dont il est dit : « Développez votre concentration car celui qui est concentré comprend les choses selon leur réalité » (*Sam. Nik.*, 21). Un degré élevé de concentration est indispensable pour la pénétration profonde des phénomènes, même pour le méditant qui ne suit pas la voie de la tranquillité, *samatha*, à base de concentration. C'est ainsi que dans les centres birmans d'études de la méditation, la méthode *Vipassanâ* n'est enseignée qu'après plusieurs jours d'entraînement à la concentration, au rythme de treize heures par jour. Cette exaltation de la pénétration intuitive manque évidemment à la psychanalyse, ce qui explique ses effets limités. La position couchée, détendue, n'est pas propre à la culture de l'énergie, Viriya, qui se développe au contraire dans la position assise la plus habituellement prise par le méditant. Manquent parallèlement ces autres facteurs nécessaires que sont les observances morales du *sîla* (on ne peut pas demander à un malade de mener une vie vertueuse, il faut bien prendre les malheureux comme ils sont) et trop évidemment les vues justes de la sagesse *(paññâ)*. Or, nous savons que l'union indissoluble de *sîla* et *paññâ* est indispensable à la réussite de *samâdhi*, la concentration.

Au niveau de la doctrine, les différences peuvent être considérables entre les diverses Ecoles analytiques, aussi n'insisterons-nous pas, nous contentant de signaler que le dogmatisme analytique n'est pas moins pernicieux que tous les autres et qu'il n'a pas manqué d'analystes pour vouloir faire de leur doctrine un ersatz de religion, mais l'étude de ces aberrations nous entraînerait trop loin.

Il reste que la psychanalyse a mis en évidence une masse considérable de faits que nul Bouddhiste ne saurait ignorer. Que notre comportement ait des déterminations inconscientes est un fait certain. On ne peut ignorer ces forces sans en devenir aussitôt la victime. La connaissance et l'intégration de notre inconscient est donc une étape difficile mais indispensable de la marche sur la voie bouddhique. Dans les premiers stades de cette évolution, les séquelles névrotiques que chacun d'entre nous peut présenter ne sont pas exclues et la connaissance des données psychanalytiques peut être une aide précieuse.

Inversement, la doctrine bouddhique qui est parfaitement compatible avec les données scientifiques généralement acquises par la psychanalyse, peut non seulement fournir à celle-ci un cadre spirituel qui lui évite de se fourvoyer, mais encore lui apporter des enrichissements techniques.

Nous pensons, en particulier, à la pratique de l'attention et de la concentration en position assise, et à la pratique *vipassanâ* centrée sur *anattâ-nupassanâ* (contemplation du non-moi) comme moyen de dégagement des fausses identifications.

C'est ce que nous avons déjà essayé pour certains de nos malades. Puissent les hommes souffrants en tirer bénéfice et réaliser que « la seule voie qui mène à l'atteinte de la pureté, à la domination du chagrin et des plaintes, à la fin de la douleur et de la peine, à l'entrée du juste chemin et à la réalisation de *Nibbâna,* ce sont les quatre attentions fondamentales » (*Digh. Nik.,* 22).

Il nous reste maintenant à examiner quelques conséquences pratiques pour le Bouddhiste pratiquant la méditation.

— Que les données psychanalytiques décrivent le moi comme un édifice composite qui tend à satisfaire des tendances archaïques et profondes ou à camoufler des peurs primitives, n'est pas pour nous surprendre. Que chacune de nos manifestations psychiques, des plus ténues aux plus essentielles, des plus fugaces aux plus persistantes, soient ainsi animées par *lobha, dosa* et *moha,* c'est ce qui nous reste à expérimenter, à « voir », pour s'en détacher. Longue et pénible entreprise, à laquelle le moi va résister de toutes ses forces, déployant pour cela mille ruses et une énergie de tous les instants.

— Le problème se pose de façon variable, suivant que le sujet a choisi comme thème de méditation ses propres pensées, auquel cas il est d'emblée porté au cœur du problème, ou un autre sujet, et c'est alors de façon incidente et comme obstacle à la méditation qu'apparaîtront les irruptions du moi. Nous parlerons essentiellement du deuxième cas, car il est le plus simple et le plus répandu, puisqu'en France la majorité des disciples pratique *Anâpânasati* ou *shikan-taza.* Dans ces deux cas, l'objet de la concentration, respiration ou posture corporelle, est précisément délimité et la survenue de pensées ou sentiments apparaît comme une gêne à la méditation. Gêne d'ailleurs constante. C'est dans l'attitude envers cet obstacle que les sujets peuvent diverger, adoptant d'ailleurs, suivant les cas et les moments, telle ou telle attitude.

— On peut contempler calmement la pensée intruse et, s'en détournant sans effort, revenir au thème habituel de concentration. Cette méthode la plus simple convient aux pensées vagabondes et sans grande importance.,

— On peut, collant sa langue au palais, déployer les efforts du combattant (les Japonais donnent l'exemple du duel à mort), pour abandonner des préoccupations tenaces, des souvenirs douloureux, des désirs vivaces, dont le progrès général de la méditation débarrassera peu à peu.

Dans ces deux cas, l'obstacle est contourné, ou éliminé par la force, mais non examiné en lui-même. Il peut se faire parfois que cette façon de procéder soit inefficace. On peut alors convertir l'obstacle en une aide sur la voie, il faut et il suffit que, temporairement, le sujet de méditation devienne cet obstacle lui-même, qu'on envisagera suivant les méthodes de la méditation *vipassanâ.* On regardera d'une façon objective, claire et aussi détachée que possible, le phénomène perturbateur. Donc, au lieu de s'en affecter, prenant à son égard la distance nécessaire, le méditant l'examinera à la lumière des caractéristiques fondamentales de toute existence : *anattâ, anicca* et *dukkha.* L'une ou l'autre de ces trois caractéristiques peut se révéler plus immédiatement utile suivant les cas mais, en dernier ressort, la vision profonde de l'une d'entre elles aboutit aux deux autres.

Là, deux méthodes peuvent êtres utilisées.

Dans la première, le phénomène est appréhendé d'un bloc, reconnu pour ce qu'il est, abandonné (au moins pour un temps) et le méditant revient au thème de méditation initial. Dans la deuxième, le phénomène est étudié dans ses connexions et ses racines psychiques, ce qui peut conduire à une investigation plus ou moins systématique, proche de l'auto-analyse.

Etudions la première méthode et prenons quelques exemples.

Lobha : Durant la méditation s'est imposée à moi l'image de Suzanne, ma jeune voisine, entrevue il y a peu, partant faire ses courses. L'examen impersonnel de la nuance émotive qui l'accompagne permet rapidement de déceler, sous cette scène banalement domestique, le désir sensuel plus ou moins dissimulé. La scène globale est jugée « désir sexuel — désir sexuel », le désir reconnu pour ce qu'il est (une vieille connaissance).

Ou bien, j'envisage une réunion amicale et je me vois faisant un petit discours fort bien tourné sur un sujet qui me tient à cœur. Je n'ai pas de peine à discerner derrière l'honorable sujet du discours, le désir de me mettre en vedette et paraître à mon avantage. C'est en concluant « désir de paraître — désir de paraître » qu'il sera possible de renvoyer le désir d'où il vient.

Dosa : Me voilà poursuivi par l'image d'un collègue, accompagnée d'un sentiment de déplaisir. Un bref examen montre que j'en veux à cet homme à qui je me suis opposé sur le plan professionnel et à l'égard duquel je nourris le désir de lui « river son clou ». L'ensemble est alors vu comme sous-tendu par la « répulsion — répulsion » et jugé comme tel.

Moha : Maintenant je suis en proie à des ruminations vagues, des pensées confuses sur des points obscurs du *Dhamma* que je n'ai pas compris. Ma pensée erre, sans beaucoup d'efficacité d'ailleurs. Je pourrais passer à mes propres yeux pour un « philosophe » qui « médite » au sens banal du terme, à moins qu'il ne somnole au lieu de méditer au sens bouddhique. Mais, inspectant avec acuité l'errance improductive de mes cogitations et de mes doutes, j'y sens bientôt l'action de l'ignorance et la voyant telle quelle est « ignorance — ignorance », je laisse tomber le jeu où je me prenais pour Descartes, en oubliant les quatre nobles vérités.

Dans tous ces cas, faciles, le désir et la répulsion ou l'ignorance dans leurs divers déguisements et variétés, sont aisément reconnus. Le sujet peut assez aisément ne pas coller au phénomène et s'identifier à lui. Grâce à cette distance, à cette désidentification, il est possible de voir objectivement le phénomène. Non pas « *mon* désir sexuel » ou « *mon* désir de paraître », etc., mais de façon impersonnelle : « il y a ici un désir sexuel » ou « ceci est un désir de paraître ». Ainsi regardé à la lumière de *vipassanâ*, le dynamisme caché, qui sous-tendait le phénomène, et tirait sa force justement de ce qu'il était caché, s'effondre et disparaît, au moins pour un temps.

Il est de fait que, pour la majorité des méditants, de telles expériences sont quotidiennes. La pratique, chemin faisant, et sans qu'un tel but soit recherché, démontre ainsi combien tous nos phénomènes psychiques habituels, sans exception, sont nourris par le désir, la répulsion et l'ignorance. Une telle connaissance expérimentale, mille fois vérifiée, fortifie la foi, chasse le doute, aiguise la vision, facilite la concentration, aplanit les chemins de la moralité.

Mais il s'en faut, hélas de beaucoup, que tous les phénomènes psychiques qui empêchent ou gênent la méditation soient ainsi reconnus, jugés et maîtrisés. Soit qu'il s'agisse de mouvements émotifs puissants ou de tendances profondément ressenties, soit que les traits de caractère constitutifs de la personnalité empirique imposent au jugement des limitations et des distorsions qu'il ne peut surmonter, ou, pire, dont il n'est même pas conscient. Et c'est alors que nous retrouvons ce que la psychanalyse a mis en évidence : la force aliénante des motivations inconscientes et des déformations défensives que le moi a élaborées, d'une part, la nécessité d'un long travail d'analyse individuelle avec l'aide d'autrui d'autre part.

Avec l'aide d'autrui car, l'expérience le montre, l'auto-analyse reste toujours partielle et insuffisamment pénétrante. Ce rôle de témoin objectif et lucide, de révélateur et d'aide que joue le psychothérapeute est aussi, mutatis mutandis, celui que joue le maître spirituel : indispensable et insuffisant. En fait, chacun d'eux à son niveau ne fait qu'éveiller ce qui est intérieur au sujet et peut être appelé le médecin intérieur ou la nature de Bouddha. Après quoi le sujet œuvre par lui-même.

Mais avant d'en arriver là, l'ami sincère, le psychothérapeute ou le maître spirituel ont à éclairer le sujet sur ce qui en lui doit être remis en question. Dans les cas franchement pathologiques, le recours à des techniques proprement psychanalytiques peut s'avérer nécessaire avant tout engagement sérieux dans la méditation. De fait, l'existence de troubles névrotiques graves empêche, non pas toujours l'attrait pour la méditation, mais au moins la persévérance et le succès. Il peut même se faire que les techniques de méditation soient mises au service de la névrose.

Dans les cas les plus proches de la normale (où l'on retrouve d'ailleurs tous les mécanismes à l'œuvre chez les malades mais jouant avec une intensité et une rigidité moindres), il peut être utile d'appliquer la deuxième méthode à laquelle nous faisions allusion plus haut, et qui n'est autre au fond que *cittanupassanâ* (contemplation du mental).

Prenons un exemple. Durant la méditation, le sujet se voit astiquant chez lui un meuble et prenant plaisir à en chasser la poussière et à le faire briller. Il examine alors impersonnellement cette image, ce qui l'amène à un certain nombre de constatations. Tout d'abord que cette activité s'accompagne d'un sentiment agréable d'ordre esthétique concernant le brillant du bois, mais aussi dû à la victoire remportée sur la saleté. Toutes choses qui peuvent passer pour vertus et conforter le sujet dans la bonne opinion qu'il a de lui-même, comme être délicat, raffiné, actif et propre. Poursuivant l'enquête, le méditant se souvient que sa mère insistait beaucoup sur l'ordre ménager et pratiquait effectivement la chasse à la poussière. Il tiendrait d'elle ses « qualités » de soin et de minutie que ce ne serait pas étonnant. Son goût pour l'ordre est d'ailleurs tel qu'il était hier physiquement mal à l'aise chez ses amis B. dont l'intérieur est toujours négligé, etc... Cette démarche est jusqu'ici exactement celle de la psychanalyse, à cela près que le méditant est seul, et qu'il ne poursuivra pas jusqu'aux plus anciens souvenirs et dans les derniers détails la façon dont il a élaboré dans son enfance son goût pour l'ordre et la propreté (ce faisant, il aurait sans doute découvert que cela dissimulait et neutralisait un fort grand appétit de désordre et de saleté). Cela n'est pas nécessaire. Son examen objectif de ses traits de caractère, utile quant à la connaissance de sa personnalité empirique, va être maintenant conduit suivant la méthode *vipassanâ*. L'esprit concentré et purifié examine ces objets à la lumière de la triple caractéristique :

Sabbe sankhâra anicca. Tous les composés sont impermanents.

Sabbe sankhâra dukkha. Tous les composés sont douloureux.

Sabbe dhammâ anattâ. Tous les *dhammâ* sont dénués de soi.

Ce qui donnera par exemple :

L'image d'astiquer le meuble surgit, puis disparaît : tout est impermanent. Le plaisir de faire briller s'épuise : tout est impermanent. La répulsion à l'égard de la saleté conditionne la joie de rendre propre : ce composé est impermanent et douloureux. Le désordre met mal à l'aise : tout est douloureux. Le goût de l'ordre vient de l'influence maternelle, cela ne constitue donc pas une entité autonome existant par soi-même : tout est dénué de Soi, etc. Ce faisant seront coupées dans leurs racines les tendances qui avaient élaboré, par exemple, cet ensemble complexe de goût tyrannique de l'ordre et de désir caché du désordre.

Pour supprimer l'arbre du désir, de la répulsion et de l'ignorance, il ne faut pas arracher une à une les feuilles que le printemps prochain fera repousser ; mieux vaut porter un seul coup de hache à la base du tronc. Et pour cela commencer à aiguiser la hache.

Il faut bien savoir en effet que la vision pénétrante ne produit d'effet durable qu'après avoir été suffisamment aiguisée. Comme nous l'avons déjà dit, en Birmanie, la méthode *vipassanâ* ne commence à être pratiquée qu'après un entraînement préalable à la concentration de nombreux jours, au rythme de treize heures par jour...

BIBLIOGRAPHIE

BUDDHAGHOSA. Visuddhimagga (Traduct. Anglaise), Semage, Colombo.

LACAN J. Ecrits. Seuil édit. Paris.

LAGACHE D. Fascination de la conscience par le moi. La Psychanalyse, vol. 3, Presses Universitaires, Paris.

LAPLANCHE, PONTALIS. Vocabulaire de la psychanalyse. Presses Universitaires, Paris.

NACHT S. La présence du psychanalyste. Presses Universitaires, Paris.

II. — LA PSYCHOLOGIE ANALYTIQUE DE JUNG

Les problèmes ne sont pas moindres avec C. G. Jung, bien que l'attention sympathique et la compréhension, dont il témoigne habituellement, contrastent agréablement avec la suffisance intellectuelle et l'incompréhension massive autant que satisfaite souvent rencontrées chez les Freudiens orthodoxes.

Nous devrons tout d'abord écarter quelques difficultés tenant aux conditions historiques et aux limitations humaines. Jung a durement peiné pour se dégager des contraintes que représentaient le poids dogmatique du Christianisme et les positions scientistes de son temps renforcées du prestige freudien. Des considérations de prudence le faisaient souvent se limiter à une position « psychologique » stricte ou « empirique », alors sans doute qu'il aurait aimé en dire plus. Si bien que, puisant dans son œuvre immense étendue sur un demi-siècle, il est aisé de constituer un recueil de citations contradictoires où, dans le cas particulier du

Bouddhisme, nous pouvons tour à tour louer sa pénétration subtile ou déplorer une incompréhension manifeste. Mais plutôt que de nous appesantir sur la psychologie de l'homme Carl Gustav Jung, il nous semble préférable d'envisager quelques points précis.

Le premier est illustré par cette remarque de Jung, relevée par le Professeur Sato (Psychologia, 1961), suivant laquelle la psychothérapie ne peut pas délivrer l'homme de la souffrance et que d'ailleurs, ajoutait-il, en boutade sans doute, dans ce cas la vie ne serait plus intéressante. Cela situe bien le problème et permet en somme de remarquer que le Bouddhisme commence où finit la psychologie. Au moins dans ses ambitions, ou ses prétentions, ajouterons-nous, pour ceux qui nient la transcendance et ignorent l'expérience spirituelle. Mais si, en principe, le maître spirituel prend le relai du psychothérapeute, quand un degré suffisant d'équilibre est atteint, il n'en reste pas moins qu'existe un large secteur de recouvrement de leurs domaines réciproques, où les problèmes et les techniques peuvent être superposables.

Le deuxième point touche à la définition du terme inconscient : problème redoutable. Sa seule définition par une particule privative tend à réduire la bi-partition conscience ordinaire — inconscient, au type de classification du savant Cosinus où l'humanité est divisée entre ceux qui sont dentistes et ceux qui ne le sont pas. Il convient donc de distinguer dans l'inconscient des domaines bien différents. C'est pourquoi de nombreux auteurs orientaux, dont nous ne retiendrons que Suzuki et Sri Aurobindo, ont refusé l'assimilation de l'inconscient des psychanalystes, même celui de Jung, à ce qui est universellement décrit comme un supra-conscient. Supra-conscient que Jung accepte d'ailleurs discrètement... dans une note.

Mais il s'exprime aussi très souvent de façon contradictoire. N'en donnons qu'un seul exemple... « le Yoga est une immersion dans ce que nous pourrions appeler un état inconscient mais que (l'Hindou) vante comme la plus haute conscience » [2] ; il ne s'agit pas d'une querelle de mot. L'expé-

[2] *Psychologie et orientalisme,* p. 222-223, Albin Michel, 1985.

rience de la méditation bouddhique est celle d'une conscience toujours plus lucide et plus pénétrante, et celle d'une maîtrise toujours plus totale de la conscience jusqu'à la disparition de toute séparation entre le connaisseur, le connu et l'acte de connaître, après quoi en effet il ne convient plus de parler de conscience, ni de quoi que ce soit d'ailleurs. Mais il s'agit là du bout de la route et nous sommes loin du compte. Dès le début de sa pratique, le méditant apprend qu'un empêchement capital à la méditation est la chute dans la somnolence, ainsi d'ailleurs que toute fascination passive par les images qui peuvent monter de l'inconscient. Aussi grossiers que soient les renseignements fournis par l'électro-encéphalographie, ils démontrent que l'E.E.G. du méditant bouddhique n'est celui ni de l'hypnose, ni de la somnolence, mais celui d'une vigilance particulière. Kasamatsu et Hirai [3] ont montré que l'E.E.G. de moines *Zen* en méditation est fait d'un rythme alpha régulier, malgré les yeux ouverts, et que les stimuli sonores, même répétés en série, bloquent à chaque fois le rythme alpha, démontrant ainsi, à la fois, la persistance de la calme vigilance intérieure et la parfaite disponibilité de l'attention portée à chaque stimulus, toujours identique à elle-même, comme si chacun d'eux était neuf [4].

Cette attitude est typique d'une méditation *vipassanâ*, de vision pénétrante. Des données différentes caractérisent l'E.E.G. des méditants pratiquant la voie de *samatha*, la tranquillité, ou l'absorption enstatique, qui coupe le méditant des stimuli externes. Anand, China et Singh [5] ont ainsi montré que le rythme alpha n'était pas bloqué par l'immersion de la main dans de l'eau à 4°, alors que la douleur due au froid réalise normalement ce blocage. Il est nécessaire, pour les Occidentaux s'intéressant à ces problèmes, de diversifier leurs concepts et d'affiner leur vocabulaire.

Notre seul but par ces discussions théoriques est d'appeler l'attention sur ce fait capital que l'étroitesse des

[3] Folia psychiatrica et neurologica Japonica, 1966.

[4] Le lecteur intéressé par les développements psycho-physiologiques se reportera à : YOSHIHARU AKISHIGE, Psychological studies on Zen, Komazawa University, Tokio, 1973, et TOMIO HIRAI, Psychophysiology of Zen, Igaku Shoin, Tokyo, 1974.

[5] Electroenceph. Clin. Neurophysiol., 1961, 452-456.

présupposés scientifiques occidentaux les rend parfaitement inaptes à juger sainement des doctrines orientales dans toute leur ampleur. Mais pour ne pas blesser le narcissisme occidental, nous ajouterons aussitôt qu'il n'en va pas de même si l'on se tourne vers l'ésotérisme chrétien ou les doctrines initiatiques qui l'ont complété jusqu'à nos jours et parmi elles, bien entendu, l'alchimie.

« Les expériences des alchimistes étaient mon expérience et leur univers était mon univers » nous dit Jung et nous suivrons volontiers E. Perrot [6] dans sa dilection alchimique. A nous aussi, l'alchimie apparaît comme l'axe de la voie jungienne. Axe courbe d'ailleurs, car la « longissima via » serpente capricieusement dans une plaine humide et grasse. Il faudrait maintenant longuement s'attarder dans ce paysage, mais le temps presse et, fidèle au caractère abrupt du Bouddhisme, nous noterons aussitôt qu'il possède une dominante « sèche » là où la psychologie analytique est évidemment une voie « humide ».

Voie « sèche », le terme *Sukkha* en *Pâli* est canonique dans le *Theravâda*, particulièrement sec d'ailleurs : restrictions des affects, dominance d'un style impersonnel, d'une lucidité dépouillée, d'une tension sans faille vers la connaissance libératrice. Les méthodes de méditation sont à l'unisson : refus de toute passivité, élimination impitoyable de toute production imagée individuelle, très faible importance pratique des techniques de visualisation, au profit d'une ascèse désidentificatrice poursuivie identiquement du début à la fin de l'œuvre. On ne peut rêver antithèse plus parfaite à la voie jungienne. Le *Zen* range même indistinctement toute la phénoménologie mentale, visuelle, onirique, d'apparitions merveilleuses du Bouddha, etc... survenant au cours de la méditation, dans la catégorie de makyo, la diablerie du monde objectif, à éliminer intégralement.

Le *Zen* donc conserve pour l'essentiel les mêmes caractéristiques auxquelles il ajoute, et encore seulement dans l'école Rinzaï, les techniques du Koan qui brisent les moules du moi, du dualisme et le démon de la pensée dialectique, tout en répandant un joyeux mépris sur l'érudition, mépris

[6] La voie de la transformation d'après C. G. Jung et l'Alchimie. Médicis. Paris. 1970.

qui prend tout son sel quand on sait que ses moines ne sont nullement ignorants.

Ce n'est que dans le Bouddhisme tantrique qu'on rencontre les caractéristiques d'une voie « humide ». Les images visualisées de telle déité, de tel aspect particulier du Bouddha doivent être considérées « avec un souvenir exalté, de la vénération, de la dévotion... et comme réelles, saintes et divines ». Au prix de l'engagement de toutes les puissances du méditant, au travers de la longue histoire des mutations des symboles visualisés, se dégagera finalement la réalisation de l'identité du méditant et des symboles et du dépassement de cette identité illusoire dans la Claire lumière fondamentale.

Mais ce qu'apporte de neuf la psychologie de Jung c'est, d'abord, une théorie exacte de la nature fondamentale du symbolisme dans la psyché et la description empirique des modalités symboliques de son fonctionnement, en dehors de toute référence à l'utilisation systématique qu'en peut faire l'école tantrique, au travers du processus initiatique et grâce à la vivification spirituelle opérée par la parole du Bouddha. Les phénomènes constatés par Jung, images archétypiques symboliques ou dessins spontanés à type de *mandalas* par exemple, apparaissent ainsi comme la préfiguration, à un niveau purement psychologique, de ce qui peut être intégré au niveau spirituel dans la voie tantrique. Leur connaissance est ainsi susceptible de combler le hiatus existant entre les conceptions étriquées du matérialiste occidental moyen et les données psychologiques et spirituelles du Tantrisme, trop exotiques et trop amples pour être facilement assimilées.

Un dernier point mérite d'être répété même si, faute de temps, nous ne pouvons faire plus que le mentionner. Jung a maintes fois souligné l'étroit parallélisme de la voie alchimique et de sa démarche psychologique. On peut en dire autant de l'Alchimie[7] et du Tantrisme lequel, dans le domaine des méthodes de réalisation spirituelle, occupe une

[7] Cf. Titus BURCKHARDT. Alchimie. Sa signification et son image du monde. Thoth. Bâle. 1974.

J. EVOLA. La tradition Hermétique. Les symboles et la doctrine. L'Art Royal Hermétique. Edit. Traditionnelles. Paris. 1962.

place unique et originale dans le Bouddhisme. Son utilisation des forces, voire des passions, pour les transformer, en passant donc par l'intermédiaire des riches supports formels que sont les déités visualisées, est une démarche typiquement alchimique.

Nous aimerions enfin discuter brièvement un point de vue de Jung qu'il a exprimé dans sa préface au « Secret de la Fleur d'Or » : « L'esprit de l'Orient est issu de la terre jaune, notre esprit ne peut sortir et ne sortira que de notre terre » ou dans « Les Racines de la Conscience » : « Irons-nous prendre des symboles tout prêts, nés sur un sol étranger, imprégnés de sang étranger... » Nous marquerons notre accord en disant qu'un exotisme d'emprunt ne peut être que nuisible, chacun doit trouver ou retrouver sa voie propre, ce qui, soit dit en passant, élimine aussi tout prosélytisme indiscret. Mais nous ne pensons pas qu'il y ait au niveau archétypique une « structure d'Occidental », comme dit Jung, l'homme est un, ce que montrent un nombre toujours croissant d'Européens qui se sentent à l'aise comme chez eux dans ces vêtements orientaux.

Il faut être bien conscient des difficultés engendrées par l'apport culturel étranger, qui accompagne fatalement et enrobe le noyau universel de la doctrine bouddhique. L'effort d'assimilation n'est pas mince et les têtes folles, fascinées par la pacotille orientale, se retrouvent bientôt désillusionnées. Assimilation pourtant vitale et tout particulièrement dans le Tantrisme, dont la richesse formelle doit devenir la chair et le sang du disciple pour délivrer son message. Pour certains la nouveauté stimulante aide. D'autres, qui ont quelques mauvais souvenirs enfouis, se grattent furieusement quand ils rencontrent quelque analogie avec un Catholicisme abhorré, ou prennent la fuite. En cette matière, la simplicité du *Theravâda* heurte moins les susceptibilités. Elle stimule moins aussi. Y a-t-il un avantage sans revers ?

III. — Le reve eveille dirigé de R. Desoille

Nous terminerons ce survol de quelques points de la psychologie moderne, par l'examen de certaines découvertes de R. Désoille, qui peuvent servir d'introduction à une meilleure compréhension du Tantrisme.

Rappelons d'abord de quoi il s'agit. Un patient, couché, yeux clos, relaxé, est invité par le thérapeute à visualiser une image d'être, objet, paysage et à la décrire à haute voix au fur et à mesure qu'elle se forme. L'image ainsi créée se développe, se transforme, en induit d'autres et bientôt se déroule une histoire, dans laquelle le patient est tout autant partie prenante comme acteur, que conteur et metteur en scène. Les scénarios ainsi réalisés sont d'une extrême variété et embrassent tous les genres, de l'intimité quotidienne au film de cape et d'épée, en passant par la légende mythologique ou fantastique, sans oublier le cauchemar.

Notre propos se limite à envisager très partiellement certains traits de cet imaginaire dynamique dans lequel le sujet rencontre des personnages, doués d'une individualité parfois frappante, avec qui il va entretenir des rapports intenses de lutte, d'amour ou de collaboration. Ces personnages semblent parfaitement autonomes et il peut arriver qu'ils délivrent au sujet étonné un message dont celui-ci ignorait qu'il put être porteur : tel Vieux Sage rencontré dans une grotte de montagne adressera au voyageur onirique une critique magistrale des erreurs de son existence. Ou bien le sujet lui-même se verra transformé, à sa grande surprise, comme ce médecin rationaliste et pacifique, devenu un belliqueux Saint-Georges attaquant le dragon.

Ces images symboliques, dont le caractère de généralité à travers le temps et l'espace fait qu'elles méritent le nom d'archétype, que C. G. Jung leur a donné, ont une caractéristique évidente, c'est d'être énergétiquement chargées. Leur fréquentation détermine des modifications psychiques parfois importantes, ce que ne réalise jamais le discours intellectuel. Le deuxième point notable est que la position naïve du sujet à leur égard est celle d'un rapport d'altérité. Ces figures apparaissent comme étrangères au moi conscient de l'explorateur onirique. Il lui faudra faire des efforts, parfois difficiles, d'apprivoisement pour les intégrer au système de sa personnalité avec, comme bénéfice, un enrichissement certain.

Ces productions spontanées de l'imaginaire individuel sont évidemment très marquées par les limitations, voire la pathologie de l'individu. Elles n'en sont pas moins le véhicule d'un processus de libération psychologique qui, à son échelle modeste, est l'analogue et, historiquement, peut-être l'avant-coureur du processus de Libération.

Or nous retrouvons, au niveau des procédés de méditation tantrique, des usages dont nous pouvons ainsi comprendre le bien fondé, avec leur cortège d'analogies et d'inversions. Le disciple est invité à méditer sur Chenrézi (Avalokiteçvara en sanskrit), symbole de la compassion. Dans un premier temps, Chenrézi apparaît comme un être extérieur, un objet de culte et révéré comme tel. Par la suite, le méditant, au terme d'un long travail, finira par reconnaître que Chenrézi est ce qui lui est le plus intime. Processus identique à celui qui se déroule en psychothérapie. Une autre similitude est fournie par l'usage de la visualisation dans les deux cas.

Où les rapports deviennent inverses, c'est dans le choix de l'image visualisée. Alors que dans le rêve éveillé, celle-ci, produit spontané de l'individu, exprime tel aspect de sa problématique actuelle, dans la démarche spirituelle, la déité, expression longuement élaborée d'une Tradition initiatique, exprime l'essence intemporelle qui résout tous les problèmes. Et là où le rêveur éveillé subit à demi passivement la fascination des images (à demi seulement), le méditant s'empare activement de l'image qu'il élabore avec concentration, suivant une méthode rigoureuse. Le déploiement de cette activité volontaire, l'énergie considérable qui s'y investit, l'expérience des générations passées qui trace le chemin, expliquent que les résultats transcendent ceux de la simple expérimentation psychologique, même si, comme il est naturel, les organes psychiques de base sont communs aux deux démarches.

Nous arrêterons là ces quelques remarques tirées des données psychologiques contemporaines, notre seul but étant de rendre plus facile au débutant l'abord de la méditation, aussi bien en éclairant les ressemblances qu'en marquant les nécessaires différences, qui permettent de ne pas confondre le psychique et le spirituel.

BIBLIOGRAPHIE

[1] DESOILLE R., *Le rêve éveillé en psychothérapie,* P.U.F, 1945.

[2] VON FRANZ M.L., JUNG C.G., *Son mythe en notre temps,* Buchet-Chastel, 1975.

[3] JUNG C.G., *Ma vie,* Gallimard, 1973.

[4] LAUNAY J., LÉVINE J., MAUREY G., *Le rêve éveillé dirigé et l'inconscient,* Dessart, Bruxelles, 1975.

[5] SUZUKI D.T., FROMM E., DE MARTINO R., *Bouddhisme Zen et psychanalyse,* P.U.F., 1971.

CONCLUSION

Nous arrivons au terme provisoire de ce livre et au début du travail méditatif que certains lecteurs entreprendront peut-être. Souhaitons que l'ouvrage les y aide, malgré ses imperfections et son caractère succinct. Pour qu'à l'avenir il puisse mieux y parvenir, nous leur conseillons d'adresser au Centre d'Etudes Tibétaines, Montchardon, 38160 Izeron, la liste détaillée de leurs critiques et de leurs besoins. Nous les en remercions profondément d'avance. Il ne nous reste plus qu'à dédier au bénéfice de tous les êtres les résultats favorables qu'ont pu produire la rédaction et la lecture de ces pages. Que tous les êtres soient heureux !

INDEX ET GLOSSAIRE

J. JAPONAIS - P. PÂLI - S. SANSKRIT - T. TIBÉTAIN.

Abhidhamma. Retour technique sur la Loi. Etude canonique systématique des discours prêchés par le Bouddha, exposés dans les Suttas.

Abhiññâ. Pouvoirs spirituels supérieurs - 46, 88.

Anâgâmî. Celui qui ne reviendra plus. Il est complétement libéré des cinq liens inférieurs - 82, 98, 103, 120.

Anâpânasati. Attention au va-et-vient du souffle - 50, 54, *71*, 76, 77, 81, 106, 123.

Anattâ. *Non ego,* absence de nature propre de soi-même. Doctrine fondamentale et spécifique du Bouddhisme - 25, 28, 39, 55, 57, 97, 98, 101, 104, 118, 122, 124, 127.

Ang-Nik ; voir à *Nikâya.*

Anicca. Impermanence - 55, 57, *94*, 101, 104, 124, 127.

Anussati. Rappel au souvenir - 49.

Arhat - Arahant. Le plus élevé des états supramondains où tous les liens sont défaits - 16, 31, 39, 83, 88, 98, 103, 115, 120.

Ariya (P) - Arya (S). Noble.

Arûpa-loka. Monde informel - 114.

Asankhata. Non-confectionné, inconditionné - 17, 38.

Asava. Purulence - 58, *83*, 88, 91, 99.

Bhâvanâ. Méditation - 43 et passim.

Bhavanga-sota. Courant sous-jacent formant la condition d'être - 114.

Bhavanga-citta. Subconscience - 114.

Bhikkhu. Moine.

Bodhi. Eveil.

Bodhisatta (P) - Bodhisattva (S.) Etre d'éveil - 52, 56, 108.

Brahma. Chef suprême des Dieux. Dans le Bouddhisme souvent employé adjectivement au sens de pur ou sublime - 12, 49, 88.

Buddha. L'Eveillé, titre attribué au *bodhisattva* après sa libération, son Eveil - Français : Bouddha - 8, 11, 12, 13, 15, 16, 20, 21, 35, 38, 40, 41, 44, 49, 54, 63, 67, 71, 75, 78, 85, 87, 89, 98, 100, 112, 120, 126, 131, 132.

Citta. Mental - 71, 72, 99, 119, 126.

Dhamma (*P*) - *Dharma* (*S*). La Loi, la doctrine. Au sens le plus général, les choses - 11, 17, 20, 27, 28, 30, 37, 49, 65, 71, 98, 104, 119, 125, 127.

Dhammapada. Les vers sur la Loi. Texte canonique et poétique particulièrement célèbre.

Digh. Nik. Voir à *Nikâya.*

Dosa. Répulsion - 115, 123, 124.

Dukkha. Souffrance - *15*, 16, 17, 18, 20, 21, 23, 32, 41, 55, 89, 95, 96, 101, 104, 108, 124, 127.

Hinayâna. Petit véhicule - 56.

Iddhi. Pouvoir surnaturel - 88.

Jhâna (P) - Dhyâna (S). Absorption. Enstase - 40, 44, 45, 46, 47, 49, 55, 56, 71, 73, 76, 80, *83*, 84, 85, 86, 87, 88, 89, 90, 91, 92, 99.

Kâma-loka. Monde des cinq sens - 114.

Kamma (*P*) - *Karma* (*S*). Acte accompagné de volition et engendrant des conséquences quant au cycle de renaissances - 19, *25*, 26, 28, 29, 97, 100.

Kammatthâna. Exercice ou « sujet » de méditation - 76, 104.

Karûna. Compassion - 31, 43, 49.

Kasina. Support extérieur de concentration - *49*, 76.

Khandha (*P*) - *Skandha* (*S*). Agrégats, au nombre de cinq, qui répertorient les cinq aspects sous lesquels le Bouddhisme décrit tous les phénomènes - 18, 19, 25, 58, 94, 96, 97, 99.

Koan (*J*). Du Chinois Koung-An : litt. document officiel. Sujet de méditation non discursive, employé surtout dans l'école Zen Rinzaï - 51, 54, 131.

Kyôsaku (J). Bâton d'admonition - 81.

Kundalini (*S*). L'énergie enroulée qui pour le Tantrisme, réside à la base de l'axe du corps subtil dans le *Chakra* inférieur - 52, 84.

Liens (*P. Samyojana*). Au nombre de dix. 1 - Croyance à la personnalité. 2 - Doute sceptique. 3 - Attachement aux rites et règles. 4 - Désir sensuel. 5 - Malveillance. 6 - soif de la forme subtile. 7 - Soif de l'informel. 8 - Orgueil. 9 - Agitation. 10 - Ignorance.

Lobha. Désir - 115, 123, 124.

Loka. Monde, sphère d'existence - 26.

Mahavagga. Grand groupe. Nom d'une subdivision du *Vinaya-pitaka.*

Mahamudra (*S*). Grand sceau. Ultime stade de la méditation Tantrique où est réalisée la vraie nature de l'Esprit - 54, 111.

Mahâyâna (*S*). Le Grand Véhicule, de littérature Sanskrite - 7, 8, 35, 44, 52, 56, 106.

Maj. Nik. Voir à *Nikâya.*

Mandala (*S*). Cercle, roue. Désigne des figurations géométriques centrées de signification symbolique et d'usage rituel ainsi que comme support méditatif - 52, 132.

Mantra (*S*). Litt., instrument de pensée. Formule rituelle à la récitation de laquelle est attachée une influence spirituelle - 52, 53, 74, 75, 106, 108.

Mettâ. Amour - 31, 49, 61.

Milindapañha. Les Questions de Milinda. Texte para-canonique célèbre.

Moha. Ignorance - 115, 123, 124.

Muditâ. Joie altruiste - 31, 49.

Neti (*S*). Nettoyage des fosses nasales, notamment par une fine cordelette. Technique des yogis hindous.

Nibbâna (P) - Nirvâna (S). Extinction du désir, de la répulsion et de l'ignorance - 12, 17, 18, 21, 28, 31, *32*, 33, 34, 37, 38, 39, 40, 42, 46, 48, 50, 54, 55, 58, 71, 85, 88, 92, 93, 98, 99, 103, 109, 113, 116, 119, 122.

Nikâya. Corpus (de Suttas). Nom donné aux collections qui composent la corbeille des *Suttas : Dîghanikâya,* les longs - *Majjhimanikâya,* les moyens - *Samyuttanikâya,* les groupés - *Anguttaranikâya,* ceux rangés en progression (choses qui vont par un, par deux, etc...) - *Khuddakanikâya,* les petits.

Nimitta. Signe ou marque - *76*, 77, 78, 79, 80, 84, 86, 87, 90, 99, 103, 110, 111.

Nîvarana. Empêchement - 57, *80*, 81, 82.

Pâli. Langue moyen-indienne proche du Sanskrit en laquelle est rédigé le Canon de l'école *Therevâda* - 54, 55.

Paññâ (P) - Prajñâ (S). Sagesse - 41, 43, 55, 56, 57, 58, 59, 93, 102, 107, 121.

Parinibbâna. Nibbâna avec extinction totale des agrégats - 39.

Paticcasamuppâda. Origine conditionnée, chaîne des origines interdépendantes. Une des doctrines de base du Bouddhisme - 23, *28*, 29, 30, 59, 100, 115.

Pîti. Transport joyeux - 45, 72, *84*, 100.

Postures de méditation. Nous ne décrirons que la plus facile, dite birmane. Une jambe repliée repose sur le sol par toute sa face externe, son talon sur l'axe médian du corps. L'autre est placée simplement devant la première, à son contact. On en trouvera le dessin page 298 de l'ouvrage de P. Kapleau. Pour l'essentiel voir ici pages 62-64.

Rûpa. a) Corporéité dans l'expression nâma-rûpa : litt. nom et forme - 94.
b) Forme subtile ou pure quand il qualifie un monde (loka) ou un jhâna - 27, 83, 94, 114.

Sakadâgâmî. Celui qui ne reviendra qu'une fois. Il est libéré complètement des trois premiers liens, et presque des quatrième et cinquième - 82, 103, 120.

Samâdhi. Concentration - 41, 43, 44, 51, 55, 80, 84, *85*, 93, 121.

Samatha (P) - Shi-gnas, prononcé chiné (T). Tranquillité - 44, 47, 55, 56, 57, 81, 93, 99, 130.

Sam. Nik. Voir à Nikâya.

Samsâra. Transmigration, errance perpétuelle, désigne le cycle d'enchaînement des cinq agrégats (khandha) - 19, 20, 26, 27.

Samyojana. Liens, au nombre de dix, qui attachent à la roue de l'existence - 115 - cf. Liens.

Sangha. Communauté des Moines - 49.

Sankhâra. Formation, aux sens passif et actif - 28, 72, 84, 94, 96, 102, 103, 127.

Sankhata. Composé, confectionné - 95.

Sañña. Perception - 58, 91, 94, 96.

Sati. Attention - *48*, 49, 50, 101, 105, 106, 107, 109, 110, 111.

Satipatthâna. Applications de l'attention. Ses quatre subdivisions se rapportent au corps, aux sensations, au mental et aux objets mentaux - 54, 105, 106, 109, 122.

Shikan-taza (J). Simplement s'asseoir. Etymologiquement provient du Chinois : Chih = *Samatha*, et Kuan = *Vipassanâ*. La méthode associe donc, de façon indissociable, concentration et vision pénétrante - 54, 64, 106, 109, 111, 123.

Sîla. Ethique. Moralité - 41, 55, 61, 93, 99, 121.

Sotâpanna. Celui qui est entré dans le courant. Il est complètement libéré des trois premiers liens - 82, 103, 120.

Sukha. Bonheur. Joie - 45, 72, *85*.

Sukkha. Sec - 131.

Suññatâ (P) - Sûnyatâ (S) - Kû (J) - Stong pa nyid (T) Vacuité - 35, 103.

Sutta (P) - Sutra (S). Discours, sermon. Réunis dans la corbeille des Textes : *Suttapitaka.*

Sutta-Nipâta. Ensemble de textes. Subdivision du *Khuddaka-nikâya.*

Tanhâ. Soif - 23, 24, 25, 29, 30, 31, 32, 102.

Tantra. Chaîne d'un tissu, fil. Désigne la troisième école du Bouddhisme, celle dite du diamant ou de la foudre : *Vajra* 22, 52, 75, 106, 132, 133, 134, 135.

Theragâtha. Stances des Anciens. Texte du *Khuddakanikâya.*

Theravâda. La Voie des Anciens, transmise par le Canon Pâli - 7, 8, 30, 35, 36, 38, 44, 45, 47, 51, 54, 55, 56, 58, 60, 64, 78, 79, 106, 110, 131, 133.

Udâna. Elévations de voix. Texte du *Khuddakanikâya.*

Upekkhâ. Equanimité - 31, 46, 49, 75, 101, 102.

Vajrayâna. Véhicule du diamant ou de la foudre, encore appelé Véhicule Tantrique et parfois Véhicule des *mantras.* Ses écoles subsistantes sont celles du Bouddhisme Tibétain et l'école Shingon au Japon - 8, 27, 30, 45, 53, 61, 82, 111.

Vedanâ. Sensation - 29, 71, 85, 94, 96, 119.

Viññâna. Conscience - 28, 57, 58, 68, 91, 94.

Vipassanâ (P) - Lhak-tong (T). Vision pénétrante - 41, 43, 44, 46, 48, 49, 54, 55, 56, 57, 59, 81, 88, 93, 96, 98, 99, 111, 119, 120, 121, 122, 127, 128.

Visuddhi. Purification - *Visuddhimagga :* Voie de la purification. Titre de l'œuvre monumentale de *Buddhaghosa* (Ve siècle).

Vitakka-vicâra. Pensée conceptuelle et discursive - 45, 84, 86.

Zazen (J). Méditation assise dans l'école Zen - 54, 81, 107.

Zen (J) - Dhyâna (S) - Tch'an (Chinois). Ecole du Bouddhisme Mahâyâna caractérisée, ainsi que l'indique son nom, par l'importance justifiée qu'elle accorde à la pratique de la méditation - 51, 54, 55, 56, 57, 62, 63, 64, 66, 81, 106, 107, 109, 121, 131.

QUELQUES CENTRES BOUDDHISTES DE LANGUE FRANÇAISE

Leur nombre rapidement croissant ne permet de citer que les principaux.

I. Non limités à une école particulière

– Union bouddhiste de France (UBF), adresse 240 Etoile, 75770 Paris Cedex 16.
– Institut bouddhique international de Vincennes, 40 route circulaire du lac Daumesnil, 75012 Paris (métro Porte Dorée).
– Centre bouddhiste, rue Capouillet 33 str, 1060 Bruxelles, Belgique.
– Centre d'études bouddhiques, 16 rue Thiers, 38000 Grenoble.

II. Représentant une école particulière

1. Ecole Theravâda.

Pagode de Sèvres, 2 rue des Bois, 92310 Sèvres.
Pagode Vat Sissatanak, 99 avenue du Général-de-Gaulle, 95320 Saint-Leu-la-Forêt (Laos).
Centre bouddhique international, 7 cité Firmin-Bourgeois, 93350 Le Bourget (Sri Lanka).
Vatt Khemararam, 16 rue Saint-Simon, 94000 Créteil (Cambodge).
Bodhinyanarama, 6 chemin de Boucharin, 07300 Tournon.

2. Grand Véhicule.

Pagode Linh Son, 9 avenue Jean-Jaurès, 94340 Joinville-le-Pont.
Association Zen International (Soto), 17 rue Keller, 75011 Paris et Temple de la Gendronnière, Valaire, 41120 Les Montils.
Centre Zen du Taillé (Rinzaï), La Riaille, 07800 Saint-Laurent-du-Pape.
Temple de la Foi sereine (Jodo-Shinshu), 14 chemin Palud, 1292 Pregny, Suisse.

3. Véhicule Tantrique.

Révérend Yukaï, Komyo-In, La Montagne, 89350 Villeneuve-les-Genets (école japonaise Shingon).

Ecole Gelugpa.

Institut Vajra Yogini, château d'En Clausade, Marzens, 81500 Lavaur.

Monastère de Nalanda, La Bastide Saint-Georges, 81500 Lavaur.

Institut Granden Ling, chemin de la Passerelle, 77250 Veneux lès Sablons.

Ecole Kagyupa.

Dhagpo Kagyu Ling, BP 2, 24290 Saint-Léon-sur-Vézère.

Kagyu Ling, Plaige, La Boulaye, 71320 Toulon-sur-Arroux.

Kagyu Dzong, 40 route circulaire du lac Daumesnil, 75012 Paris.

Karma Ling, Saint-Hugon, 71320 Arvillard.

Karma Migyur Ling, Montchardon, 38160 Izeron.

Kundreul Ling, château d'Osmont, Aubry-le-Panthou, 61120 Vimoutiers.

Ecole Nyingmapa.

Dorje Nyingpo, Bte 42, 25 rue Mouraud, 75020 Paris.

Centre d'études de Chanteloube, La Bicanderie, 24290 Saint-Léon-sur-Vézère.

Lérab Ling, L'Engayresque, 34650 Roquedonde.

Rigpa, 6 bis rue Vergniaud, 92300 Levallois-Perret.

Ecole Sakyapa.

Ngor Ewam Kunzang Ling, 8 cours Saint-Pierre, 75017 Paris.

Ngor Ewam Phendé Ling, 3 rue du Bout de la Ville, 27180 Les Ventes.

Sakya Tséchen Ling, 5 Rond-Point du Vignoble, 67520 Kuttolsheim.

Pour une liste complète des centres tibétains, voir le *Guide du Tibet en France et en Europe*, Claire Lumière, Mas Vinsargues, 13116 Vernègues.

Revues

Outre les Revues éditées par divers centres, signalons : Bouddhisme Actualités, 270 avenue Pessicart, Bât. C, 06100 Nice.

TABLE

Propos liminaires 7

Introduction 11

1. La noble vérité de la souffrance 15
2. La noble vérité de l'origine de la souffrance 23
3. La noble vérité de la cessation de la souffrance 32
4. La noble vérité du sentier conduisant à la cessation de la souffrance 41
5. Bref panorama des techniques 51
6. Données pratiques sur les débuts 60
7. Pratique des *Jhânas* 71
8. Pratique de la vision pénétrante 93
9. La méditation Bouddhique et la psychanalyse 112

Index et glossaire 137

Quelques centres bouddhistes de langue française 143

EXTRAIT DU CATALOGUE

Spiritualités vivantes / Poche

20. *Le Chemin des nuages blancs*, Lama Anagarika Govinda.
21. *Les Fondements de la mystique tibétaine*, Lama Anagarika Govinda.
26. *Bardo-Thödol, Le Livre tibétain des morts*, présenté par Lama Anagarika Govinda.
56. *L'Esprit caché de la liberté*, Lama Tarthang Tulku.
62. *L'Enseignement du Dalaï-Lama*, Tensin Gyatso.
80. *Instructions fondamentales. Introduction au bouddhisme Vajrayana*, Kalou Rinpotché.
88. *Les Fleurs du Bouddha. Anthologie du bouddhisme*, Pierre Crépon.
109. *Dhammapada. Les Dits du Bouddha*, traduits du pali.
114. *Le Dharma et la vie*, Lama Denis Teundroup.
115. *La Méditation créatrice*, Lama Anagarika Govinda.
135. *Dzogchen et Tantra. La Voie de la Lumière du bouddhisme tibétain*, Namkhaï Norbu Rinpoché.
152. *Comme un éclair déchire la nuit*, Dalaï-Lama.
173. *Passerelles. Entretiens avec des scientifiques sur la nature de l'esprit*, Dalaï-Lama.
184. *La rencontre du bouddhisme et de l'Occident*, Frédéric Lenoir.

Espaces libres

15. *Sur les pas du Bouddha*, Marc de Smedt.
18. *Alexandra David-Neel*, Jacques Brosse.
45. *Voyages et aventures de l'esprit*, Alexandra David-Neel.
97. *Jésus et Bouddha. Destins croisés du christianisme et du bouddhisme*, Odon Vallet.
114. *Le Palais des arcs-en-ciel. Mémoires du médecin du Dalaï-Lama*, Tendzin Tcheudrak.
122. *Histoire des Dalaï-Lamas. Quatorze reflets sur le lac des visions*, Roland Barraux.

Albin Michel Spiritualités / Grand format

Au-delà des dogmes, Dalaï-Lama.
Tant que durera l'espace, Dalaï-Lama.
Pacifier l'esprit. Une méditation sur les Quatre Nobles Vérités du Bouddha, Dalaï-Lama.
Bouddha, Terre ouverte, Olivier Germain-Thomas.
Dans les pas de Milarépa, Marie-José Lamothe.
Bouddha et les femmes, Susan Murcott.

Moines danseurs du Tibet, texte et photographies de Matthieu Ricard.
Shabkar, Autobiographie d'un yogi tibétain, 2 vol., traduit par Matthieu Ricard et Carisse Busquet.
Le Palais des arcs-en-ciel. Mémoires du médecin du Dalaï-Lama, Tendzin Tcheudrak.
Jésus et Bouddha. Destins croisés du christianisme et du bouddhisme, Odon Vallet.
Nâgârjuna et la doctrine de la vacuité, Jean-Marc Vivenza.

Les Carnets du calligraphe

Poèmes tibétains de Shabkar, présentés et traduits par Matthieu Ricard, calligraphies de Jigmé Douche.

Carnets de sagesse

Paroles du Bouddha, Marc de Smedt et Jean-Louis Nou.
Paroles du Tibet, Marc de Smedt.

« *Spiritualités vivantes* »
Collection fondée par Jean Herbert

au format de poche

DERNIERS TITRES PARUS

150. *Les Illuminations de La Mecque*, d'IBN ARABÎ, traduction sous la direction de M. CHODKIEWICZ.
151. *Le Silence foudroyant*, de THICH NHAT HANH, traduction de Z. BIANU.
152. *Comme un éclair déchire la nuit*, du DALAÏ-LAMA.
153. *Jung et la question du sacré*, d'Y. TARDAN-MASQUELIER.
154. *La Religion des Chinois*, de M. GRANET.
155. *La Saveur du Zen. Poèmes et sermons d'Ikkyû et de ses disciples*, traduits et présentés par M. et M. SHIBATA. (Inédit)
156. *L'Étincelle de l'âme, Sermons I à XXX*, de Maître ECKHART, traduits et présentés par G. JARCZYK et P.-J. LABARRIÈRE. (Inédit)
157. *Poèmes mystiques*, de HALLAJ.
158. *Sagesses de la mort*, de Z. BIANU.
159. *Polir la lune et labourer les nuages*, de Maître DÔGEN, anthologie présentée par J. BROSSE. (Inédit)
160. *L'Éveil subit*, de HOUEI-HAI suivi de *Dialogues du Tch'an*, traduits et présentés par M. et M. SHIBATA.
161. *L'Imitation de Jésus-Christ*, trad. par P. CORNEILLE.
162. *Dieu au-delà de Dieu, sermons XXXI à LX*, de Maître ECKHART, traduits et présentés par G. JARCZYK et P.-J. LABARRIÈRE. (Inédit)
163. *Zen et Occident*, de J. BROSSE.
164. *Dialogue sur le chemin initiatique*, de K. G. DÜRCKHEIM et A. GOETTMANN.
165. *Prendre soin de l'être*, de J.-Y. LELOUP.
166. *Transformation et guérison*, de THICH NHAT HANH.
167. *La Lumière du Satori*, d'E. DE SMEDT.
168. *Job sur le chemin de la Lumière*, d'A. de SOUZENELLE.
169. *Le Chœur des Prophètes. Enseignements soufis* du Cheikh Adda BENTOUNÈS.
170. *Guérir du malheur*, de L. BASSET.
171. *Le Pouvoir de pardonner*, de L. BASSET.
172. *L'Esprit du Ch'an, Aux sources chinoises du zen*, de T. DESHIMARU.

173. *Passerelles. Entretiens avec des scientifiques sur la nature de l'esprit*, du DALAÏ-LAMA.
174. *Le Recueil de la falaise verte, kôans et poésies du Zen*, traduit et présenté par M. et M. SHIBATA. (Inédit)
175. *L'Islam au féminin. La femme dans la spiritualité musulmane*, d'A. SCHIMMEL.
176. *Et ce néant était Dieu..., sermons LXI à XC*, de Maître ECKHART, traduits et présentés par G. JARCZYK et P.-J. LABARRIÈRE. (Inédit)
177. *L'Évangile de Marie-Myriam de Magdala*, de J.-Y. LELOUP.
178. *Le Féminin de l'être. Pour en finir avec la côte d'Adam*, d'A. de SOUZENELLE.
179. *Dictionnaire des symboles musulmans*, de M. CHEBEL.
180. *Etty Hillesum*, de P. LEBEAU.
181. *Bernard de Clairvaux*, de M.-M. DAVY.
182. *Les Maîtres Zen*, de J. BROSSE.
183. *Les Psaumes*, traduits et présentés par P. CALAME et F. LALOU.
184. *La Rencontre du bouddhisme et de l'Occident*, de F. LENOIR.
185. *Moïse, notre contemporain*, de J. BLOT.
186. *Mahomet*, de S. STÉTIÉ.
187. *Le rêve du papillon*, de TCHOUANG TSEU.
188. *Entre source et nuage*, de F. CHENG.
189. *Dietrich Bonhoeffer*, d'A. CORBIC.
190. *La Voie de la perfection*, de B. ELAHI.
191. *La Rose aux treize pétales*, d'A. STEINSALTZ.
192. *Le Vin mystique et autres lieux spirituels de l'islam*, de S. STÉTIÉ.
193. *Comprendre le Tao*, de I. ROBINET.
194. *Le Coran*, de J. BERQUE.
195. *Introduction au Talmud*, d'A. STEINSALTZ.
196. *Épictète et la sagesse stoïcienne*, de J.-J. DUHOT.
197. *La spiritualité orthodoxe et la Philocalie*, de P. DESEILLE.
198. *Confucius*, de J. LEVI.
199. *Teilhard de Chardin*, d'É. de la HÉRONNIÈRE.
200. *« Moi je ne juge personne ». L'Évangile au-delà de la morale*, de L. BASSET.
201. *L'Évangile de Philippe*, de J.-Y. LELOUP.
202. *Essais sur le bouddhisme zen*, de D. T. SUZUKI.
203. *Le Trésor du zen*, textes de Maître Dôgen commentés par T. DESHIMARU.

La reproduction photomécanique,
l'impression et le brochage de ce livre
ont été effectués
sur presse Cameron
dans les ateliers de ***Bussière Camedan Imprimeries***
à Saint-Amand-Montrond (Cher),
pour les Éditions Albin Michel.

Achevé d'imprimer en juin 2003.
N° d'édition : 21832. N° d'impression : 032387/1.
Dépôt légal : février 1994.

Imprimé en France